「超」怖い話 子《ね》

加藤 一 編著

竹書房怪談文庫

※本書に登場する人物名は、様々な事情を考慮してすべて仮名にしてあります。また、作中に登場する体験者の記憶と体験当時の世相を鑑み、極力当時の様相を再現するよう心がけています。現代においては若干耳慣れない言葉・表記が登場する場合がありますが、これらは差別・侮蔑を意図する考えに基づくものではありません。

彫刻　平野太一
ドローイング　担木目鱈

巻頭言

加藤一

怪談の本質は伝承である。

体験者は自身の体験を誰かに訴える。事実であると叫び、自分の見間違いや記憶違いなどではなかった、と自分以外の誰かの肯定を求めて、自身の体験を伝えようとする。体験者当人があちこちに自身の正気を確かめて回っているうちに、自分が見た、体験したのが本当に事実であったと訴えることに疲れてしまい、いつしか「どうせ信じてもらえない、自分の正気が疑われるだけ、自分自身ですら自分の正気が疑わしい」と思い始める。体験談を語ることを諦めてしまう。そこで伝承が途絶えてしまう。

我々実話怪談作家の仕事は怪談を語り紡ぐことだが、同時に体験者が語り継ぐのを諦めかけている体験談を、励まし拾い集め聞き集め、書き留めて繋ぐことでもある。怪談作家は語り部であり、拾遺使であり、編纂者であり、司書である。

そうして今年もまた、我々は怪異を集め記している。この仕事に終わりが来る日があるのかどうかも分からないまま、日々取り憑かれたようにこれを繰り返している。

本書は令和二年、年初の「超」怖い話である。御堪能頂きたい。

目次

要救助者ゼロ

その日、佐倉さんは久々に仕事が早く片付いた。日があるうちに会社を出るなんていつぶりだろう。空は緋色に染まり始めていたが、終電目指して全速力を出さずに済むのは、何とも心が軽い。

車通りの多い大通りを避け、線路沿いの道を目指して通りを折れた。

今の会社に勤めだしてから二十年来、毎朝毎晩ずっと同じ通勤路ではあるが、夕暮れ時にここを歩くのは久方ぶりである。

と、線路にぶつかるT字路の突き当たりに、何か塊のようなものがある。

道路上に蹲《うずくま》るそれは布か袋か。

数歩近づいたところで正体が分かった。路面に人が倒れている。

Yシャツにスラックスの見知らぬ男である。

俯せに倒れたままピクリとも動かない。

轢《ひ》き逃げか!?　いや、血痕のようなものはない。

外傷はなくても何かの発作を起こしたのかもしれない。

意識がないなら、最初にすべきは何だっけ。救急車だっけ。ＡＥＤだっけ。
懐の携帯電話を確かめながら、佐倉さんは男の元へ足早に駆け寄った。
何はともあれ助けなければ。
「大丈夫ですか⁉」
声を掛ける。
倒れた男まで、あと数歩。
そこで男は忽然と消えてしまった。

身綺麗

自殺が多い場所近くに住む男性が言う。

「この辺りに来る奴で、死ぬつもりの人間って言うのは、すぐ分かる」

外見に頓着しない人間か、この土地にそぐわないようなお洒落をしている人間だ。

「汚い格好の奴は、そんなもん気にしなくなってる。そんとき止めても、いつか死ぬ」

彼は悲しそうな表情をした後、すぐ困った顔に変わった。

「身綺麗な奴は思い直すこともある。でも、そんな連中が死ぬと少し厄介なんだよなぁ」

曰く、死ぬ前にお洒落をする心境に原因が見られる、らしい。

人の目を気にして外見を整えている人は、まだこの世に未練がある。

死ぬときくらい身綺麗にして逝きたい、そんな人間もやはり、現世に執着を残している。

「だからさ、うちに〈出る〉のはどれも身綺麗なんだよ。汚い格好のは、いない」

でもアイツら全員、顔だけがグズグズなんだよ、と彼は渋い顔をした。

——綺麗なおべべを着ていても、顔があれじゃあ、な。

何処行っちゃうんだろうね

「何かそこらじゅうあっちこっち工事してるんでしょう？　あたしらも追い出されるんじゃないかって忙しない気持ちになるわ。ラグビーですか？　分かりませんけども」

　再開発地域である。

　市場を立ち退かせて競技場を作るんだとかで、数年前から大騒ぎしている。

　しかしながら、再開発計画だけならばそのずっと前からあった。

「あーだこーだ遅れたって言われてますけども、あたしらからすれば今更って話です」

　もう競技場の所謂「建設」といったフェイズになっているが、用地のために壊す時期があった。

　古い施設、家屋を壊すのだ。

　当然、鼠やゴキブリが出る。

「そっちのほうが大問題ですよね。駆除ったって限りがありますからね。あたしなんか地面の下まで知らんですけど、おとっちゃん達はずっと気にしてますもん」

　食品を扱っている以上、どうしてもナイーヴになる。

「何もすぐ裏でどっかんどっかんやってるってんじゃないですけど、小さい通りを挟めば、すぐその向こうのことでしょう？」

嫌でも目に入るのだという。

「いろんなもんが出ましたわ」

群れをなして逃げてくる鼠を見たときは、縮みあがる思いがしたという。

「それに比べちゃマシなんですけど、ヒトなんかも出るんですよ」

人。

「ああ、死体とか物騒な話じゃないですよ？　ありゃ生きちゃおらんですよ。ただ、突っ立っとるんです」

重機が建物を壊してゆくと、後には瓦礫と、瓦礫の中で立ち尽くす人影があるのだという。

女将さんが店の上階から外を見ると、そういうものが見える。

作業員が右往左往していたり重機が動いている現場で、半纏《はんてん》を着て立っている老人がいるのだ。

（あれっ、何だろう）

立ち合い——そんな訳はない。

勿論《もちろん》、害虫ほど多くはない。ただそうして佇む人影を見たのは、片手では数えきれない。決して覗こうとしたのではないが、取り壊しの終わった工事現場は柵も簡単なものになっている。そういう柵の間を、ふと見るといるのだそうだ。

人影は、皆一様に肩をがっくりと落として、下を向いているのだという。


「無念そうにね。一週間くらいはそのまま立ってるんじゃないですか」


一週間ほどすると、人影は歩き回り始める。

敷地内をぐるぐると歩き回る。

下を向いたまま何かを探すようであった。

そうして、更に二日ほどすると、海のほうへ歩いていってしまう。

(今日は歩いてないなぁ)

女将さんがそう思って見ていると、人影は、立ち止まったまま南のほうを見ていた。

他の現場でも同じように、南のほうを見ていた。

そのうちに、そのだぶついたジャンパーを着た人影はまっすぐ南に歩きだしたのだそうだ。

何処まで行くのだろうか。

その後ろ姿は、すぐに見えなくなった。

「それっきり。それっきりですよ。何処に行っちゃうんでしょうね」

鼠だのムシだのはこっちに来るのにね、と厭そうに、女将さんは言った。

「何処にも行きゃしねえよ!」

と、奥から旦那さんの罵声が飛んできた。

「俺ぁここ長えからな! 死んでもここに居座ってやるからな!」

「やだ余計なこと言っちゃったわ。あたしは嫁いできただけだから!」

女将さんは肩を竦《すく》めた。

風邪

　酷暑を過ぎて後、辺りの木々が色褪せていく短い季節が通り過ぎたかと思うと、間もなく容赦のない冬がやってくる。

　小暮さんが長年住んでいるこの地域も、直《じき》に分厚い雪に囲まれるであろう。

　そうなってしまうと、ちょっとした移動すら困難な状況に陥る。

　地元の者達には例年通りの至極当たり前のことではあるが、小暮さんにとっては最悪の季節が訪れる。

　彼は小学校の教諭をしているが、常日頃から食事や健康にも大層気を遣い、この季節になると毎日欠かさずうがいやマスクで対策を取っている。

　それにも拘わらず、学校という多数の人間が集まる場所で仕事をしていると、どうしても風邪を引いてしまうのであった。

「この季節は、ね。ホント駄目なんですよ」

　彼は風邪を引くと、健常時には見えなかったモノが見えてしまうのであった。

「……特に学校は凄いですよ。まともな姿のモノなんて殆どいないんですから」

驚くべきことに、活発に動き回る児童に混じって、手足や頭を失って久しい者達が、老若男女問わず、わらわらと溢れているとのことであった。

その殆どが襤褸《ぼろ》切れのような粗末なモノを身に纏っただけの見窄《みすぼ》らしい格好をしており、痩せ細った身体からは骨格がはっきりと分かる。

頭髪は乱れに乱れて、五体満足な者など誰一人としておらず、腕や足だけではなく首までもなくなっている者どもが、校内の彼方此方《あちこち》で見受けられるのであった。

そこまで大量の霊が現れるということは、彼の勤める小学校が建っている土地には、ひょっとしたら何らかの曰くがあるのかもしれない。

「多分、そうでしょう。でも、調べる気にもなれませんね、そんな無意味なことは」

そう言いながら、彼は大きな溜め息を吐いた。

「厭なんですよね、ああいうまともじゃない姿のモノは。えっ？　どうしてって、そりゃ……」

彼が言うには、ああいったモノはとにかく、自分を見ることができる人間にだけ、盛んに干渉してくるらしいのだ。

即ち、小暮さんのみに、ああいったモノ達はしつこい程に関わりを持とうとするのであった。

基本的に、体調は悪化の一途を辿る。頭痛、歯痛、腹痛等々、枚挙に暇がない。

しかもそればかりはない。悪意を持ったモノに干渉されると、より厄介なことになってしまう。

あるときは両足がなく両手だけが異様に長いモノに纏わり付かれたせいで、階段から転げ落ちてしまったこともあった。

しかし興味深いことに、それらが見えるトリガーは、風邪だけではなかった。風邪を引いてなおかつ、雪が積もっている日にのみ、それらの姿が見えてしまうのであった。

とはいえ、この辺りは四月頃まで雪が残っている。ということは、風邪を引いてしまえば、その条件は難なく整ってしまうのである。

「仕事を休めれば大分楽なんですが……」

担任を受け持っている上に日々多忙な彼に、そのようなことなどできるはずもなかった。

「まあ、命までは奪われないと思いたいのですが……」

とにかく、風邪だけは駄目なんですよ。他の病気だったら、あいつらは見えないのに。

小暮さんはまた一つ、長く大きな溜め息を吐いた。

掌

洒落た一等地に、表さんの勤めていた事務所はある。
「憧れみたいなものは大きかったですね」
高級車ばかり通るような大通りに面した、全面ガラス張りの物件だ。
車の質感。傘の色合い。
木々の葉の重なり、音。
朝飲んだコーヒーの味。
それらがインスピレーションの源泉になる。
「アパレルに限らないと思うんですけど、そういうのって重要かもですね」
転職前の地味な事務所とは何もかも違っていたという。
そこへ勤め始めて暫くして、彼女は同僚らのある奇妙な癖に気付いた。
誰かの癖、という訳ではない。
誰でも、ふとした瞬間に服で掌を拭うのだ。

最先端とまではいかないけれど、お洒落な服を着て働いているのに、ふと気が付くとそんな仕草をしている。

スカートの尻や、パンツの膝、シャツの袖、ショールの隅に、ぐりっと掌を押し付けて一息に拭く。

洒落ているだけに、目立つ。

表さんは少し苛立ちを覚えた。

「ええ、いえ、一度気になっちゃうとそれまで気にしてなかったことがやたら気に障ることもあるじゃないですか。それかなって思ったんですけど」

特定の誰か、またいつも、という訳ではない。

上司も、その上司も、やるときはやる。

先輩同僚も、バイトで入ってきた若い子も、ＰＣの画面を覗きながら、雑誌をめくりながら、色見本を眺めながら、無意識のようにぐいっとやる。

殆どの社員は女性である。

何となく、見てはいけないものを見てしまったような気がして、表さんは目を逸らしてしまう。

いつもだ。

それで、気が付いた。

そうして目を逸らした先に——いつも誰かがいるのだ。

誰かは分からない。

いる、と思った瞬間にその人影はパッと消えてしまうからだ。

若い女性のように見えた。

机も椅子もPCもないのに手を前に突き出して、キーボードを打つような姿勢に見えた。

「目の錯覚だと思いました。でも、繰り返しなんです」

誰かがぐっと手を拭う。

反射的に目を逸らす先に、その女はいた。

定まった場所はない。少し目線をずらしたくらいだから、手を拭った人からせいぜい四、五歩程度の距離だ。

すぐに消える。

その繰り返し。

何度も見るうちに、段々その姿が分かってきた。

纏まってはいるが、少し時代遅れの服装。

煤《すす》けたような色合いのスーツ。

頭をがっくりと下げている。そのため顔は見えないが、揃った長い前髪が印象的だった。

「——っていう感じの人、知らないですか？」

そう先輩に訊いてみたが、「う～ん、昔そういう人がいたような……」と煮え切らない反応だった。

昔といっても先輩のキャリアからして三、四年前までしか遡らないだろう。

上司とか、もっと古株に訊いてみれば分かるかもしれないが、何とも訊きにくい。

そんなことを考えていると、バイトの子に声を掛けられた。

「表さんって、あの人見えてますよね」

不思議ちゃんで知られるアヤヒという子で、自称霊感があるのだという。

ここでは話せないというので近くのカフェに場所を移して話すと、どうやら表さんの見ているものとピタリと一致する。

彼女はそれを空気椅子のコジマさんと呼んでいた。

あの人が誰か訊きだしたのだろうか、と思った表さんだが、訊けばどうやらそうではない。直接あの人影と話をした訳でもない。「何となくコジマさんだと思った」とのことだ。

「コジマさんの顔って見たことあります？」

「俯いてて顔は見えないんだけど」

「……スゴイですよ」

悪戯するような顔でそんなことを言う。霊感はあるのかもしれないが、他の感覚が欠如しているようで、表さんはなるべく関わらないようにしようと思った。

アヤヒと話して、一つ確信したことがある。

それは、手を拭うとコジマさんが現れるのではなく、現れると近くの誰かが手を拭うのだ。表さんは逆だと思っていたのだが、アヤヒには「それは表さんがそういう順番で見てるからですよ」と笑われてしまった。

暫くして、アヤヒが出社しなくなった。

突然自信をなくしたり、ストレスで潰れたり――バイトでなくともそういう人の多い職場だった。

「ちょっとメンヘラっぽかったしね」

そう言って、あまり気にする者はなかった。
新しいバイトも来て、殆どの人はアヤヒのこともすっかり忘れたようだった。
たまに話題にしても、
「あー、そんな子、いたね。……仲良かったの？」
とそんな反応だ。
それからまた暫く経った。

「残業してたら、何だか自分の手が、ヌメッとした気がしたんですよ」

紙コップのコーヒーを零したのかと思った。
手が茶色の液体で濡れている。
慌ててティッシュで拭うと、液体は消えたがティッシュは白いままだ。
（……なんだろう）
手は綺麗になったが、何となく気持ちが悪い。
そして彼女は、殆ど反射的に、自分のベージュのパンツの膝に、掌を擦りつけていた。
（えっ、これって）

反射的に周囲を見回す。
――誰の姿もない。
十一時である。
コジマさんもいないし、同僚は遠くに一人いるだけだ。
――見えない。すぐ近くにいるはずなのに。
(コジマさんは？　いるんでしょ？)
狼狽《ろうばい》する。
表さんは、初めて戦慄《せんりつ》した。
見えていたときは、むしろ親近感すらあったのだ。
だが見えなくなって初めて、怖いと感じた。
「コ、コジマさん……？」
「アヤヒだよ」
耳元で、かつて聞いた声が掠れたように聞こえた。
表さんは退職したという。

Gの刻印

師走も間近を迎えた、初冬のある夕方。

琴音さんは買い物袋を片手に持って家路を急いでいた。

行き交う人々で溢れる繁華街を駅に向かって足早に歩いていると、いきなり後ろから声を掛けられた。

「すみません！　この子を知りませんか？」

一瞬何が起きたのか分からずに驚いたが、反射的に振り向いてみた。

すると目の前には、自分のことを大好きそうな若い男が、自信満々に立っている。

明るいブルー系の高級そうなスーツを身に纏い、整髪料できっちりと固めた髪の毛。

ネイルサロンでも行っているのか、体毛が全くない手を盛んに動かしながら、矢継ぎ早に話しかけてくる。

彼女は脱力感を感じながら、大袈裟な溜め息を一つ吐いた。

誰かを探しているのかと思っていた、自分の迂闊《うかつ》さに腹が立ってきた。

何処からどう見ても、ナンパ、であった。

しかもしつこい。相当にしつこい。断っても無視して歩きだしても、彼女の後を執拗《しつよう》に付いてくる。

怒り心頭に発して、いっそのこと大声でも上げてやろうかと思ったとき、男の右手の甲に、黒い何かが現れ出てきた。

その存在に気が付いた瞬間、目の前の男の趣味に心から戦慄した。

驚くべきことに、この男は手の甲にタトゥーをしているのだ。

しかもただのタトゥーではない。

何と、リアルなゴキブリの入れ墨を施していたのである。

と思った瞬間、その入れ墨はまるで生きているかの如く、手の甲から掌へと素早く動いたかと思うと、今度は手首の辺りで六本の脚を蠢《うごめ》かせ始めた。

琴音さんは一気に総毛立つ感覚を全身に感じて、思わず足を止めてしまった。

まるで表皮と真皮の間に棲んでいるかのような立派なゴキブリをチラ見しながら、彼女は厳しい表情をしつつ男の顔を睨《ね》め付けた。

「すみません。私、ゴキブリだけは生理的に駄目なんです」

そう告げた瞬間、足を止めた彼女に何かを期待していたのか、ニヤニヤと薄笑いを浮かべていた男の表情が、見る見るうちに悚然《しょうぜん》としていく。

そして怯えたような表情を見せたかと思うと、男は素早く彼女の前から逃げるように去っていった。

無精庭

熊沢さんが長年住んでいる一軒家は、彼女が十数年程前に中古で購入した物件である。

「汚いアパートに無駄金払ってるのがバカバカしくなっちゃったからね」

勿論理由はそれだけではないだろう。

何故なら饒舌《じょうぜつ》な彼女の口からは、誰かと一緒に住む予定だったとか、けれど直前で消えちゃった、とか剣呑な話が飛び出したからである。

とにかくそれ以来、彼女はこの家に一人で住み続けている。

二階建てのそこそこの大きさの家であるから、一人で住むには広すぎるのではないだろうか。

「そうなのよ。家の中はまだいいけど、庭の手入れまでは絶対に無理なのよ。だから、あんな目に……」

最寄り駅から徒歩十数分の所に、熊沢さんの住んでいる一軒家がある。

周りには同じような建売住宅が五軒程度密集しているが、夕方の食事刻にも拘わらず、どの家からも明かりが漏れてこない。

「買った当初はどの家も人が住んでいたんだけどねえ……」

ある一家は離婚をきっかけに、ある一家は住宅ローンに耐えきれなくなって、そしてある一家は何の前触れもなしに夜逃げをして、次々に住人が家を手放して去っていったのである。

「まァ、不景気だから仕方がないわよね」

何処となく遠くを見ながらこう呟くと、ぐいっと身を乗り出してきた。

「最初はね、数匹だけだったのよ」


始まりは、日が暮れても気温が下がらずに、蝉達が狂い鳴く、八月のある夜のこと。

勤務先から帰宅した熊沢さんが、温《ぬる》めの湯船に浸かっていたとき。

何げなく視線を落とした先で、数匹の蟻が行進していた。

瞬間、彼女は洗面器でお湯を掬うと、蟻の行進に向かってぶっ掛けた。

蟻達は蠢きながら排水口の奥底へと吸い込まれていく。

「何だかねぇ、普通の黒いありんこじゃないのよ。もっと赤っぽくて細《こま》い奴なのよ」

そのような小さな蟻が、家の中に現れるようになってしまったのである。

彼女の話から察するに、恐らく特定外来生物のアルゼンチンアリだと思われる。

「それがねえ、物凄い量なのよ。あるときなんて、脱衣所の床一面にびっしりと……」

そこまで来ると一刻も早く駆除する必要があると思われるが、彼女は動かなかった。

「だって、面倒じゃない。それに、ありんこごときで、ねえ」

勿論、家の中で蟻を発見したときは、掃除機で吸い取ったり、水で流したりして駆除していた。

しかし、それだけでは抜本的な解決からは程遠い。

そんなある日、彼女の意識を変える出来事が起きてしまった。

キンキンに冷やした缶チューハイを飲みながら、彼女は海外ドラマを貪るように観ていた。

目を奪われるようなシーンになったとき、彼女は手を滑らせて缶チューハイを零してしまった。

流石に、このままにしておく訳にはいかない。

熊沢さんはドラマを一時停止させ、タオルを取りに脱衣所へ向かった。

扉を開けて、灯りを点けたその瞬間。

彼女はとんでもないものに視線を奪われた。

そして全身の毛穴が一気に閉じて、冷たいものが背筋を通り抜けていく。

脱衣所の床に、人間の赤子のようなものが四つん這いになっていたのである。

その身体には濃いめの産毛がびっしりと生え、粘液のようなもので全身が覆われている。

時折にちゃにちゃと厭な音を立てながら、そいつは床に向かって顔を付けている。

怖いもの見たさで凝視し続ける彼女の視線の先には、夥《おびただ》しい数のアルゼンチンアリが群がっていた。

その赤子は、喜悦の表情を浮かべながら、侵入してくる蟻を舐めているのだ。

そいつの口内からは、牛のような赤黒く分厚い舌が伸びては、不気味に蠢き続ける。

そしてたっぷりの蟻を舌で捕らえると、緩慢な動作で飲み込んでいく。

彼女は悲鳴を上げながら走りだして、自室へと閉じこもった。

そのまま、まんじりともせずに夜を明かしたのであった。


「三回は見たかなあ、アレがありんこ食ってるの」

どうやら、日が暮れてから風呂に入ろうとすると、脱衣所で出会う確率が高いと気が付いたのは、三度ほどかち合ってからであった。

「これって、もう駄目じゃない。で、考えたんだけど……」

あの不気味な赤子のようなものは蟻を食っている。そこで、もしこの家から蟻がいなくなってしまったら？

当然、奴もいなくなるのではないだろうか。

そのような理由で、彼女はアルゼンチンアリの駆除を真剣に実施することにした。

近所のホームセンターで蟻除けの薬品を買ってきたり、侵入してくると思われる穴をパテで埋めたりもした。

しかし、あの忌まわしい赤茶色の蟻は何処からともなく屋内に入ってくる。

「もう、どうしたらいいか分からなくなっちゃって」

ほとほと困り果てていたが、思いもしない所から解決への糸口がやってきた。

「薬局の店員が話していたのよ。どうやら……」

庭の雑草を伸ばし放題にしていると、それを伝って蟻が家屋に侵入してくるらしいのだ。

「もうね、必死でやったわよ。でも、最近の除草剤は凄いわねえ！　振りかけただけで、雑草がすぐに枯れてしまうんだもの！」

庭中に生えていた、人の背丈程もある雑草の類が根こそぎ枯れ果てると、あれほど家中に侵入していたアリが、ものの見事に一匹もいなくなった。

その途端、何時如何《いか》なるときに脱衣所に行っても、あの赤子の姿を見ることはなくなったのである。

しかし、彼女の表情には屈託があるような気がする。

そのことを告げると、彼女の口から予想も付かなかった言葉が飛び出してきた。

「あーあ、もう一回出てくれないかなあ、アレ」

言葉の意味が理解できずに、きょとんとしていると、彼女は理由を話し始めた。

「最近ねえ、出るのよ。でっかいゴッキーが」

熊沢さんの願いは、家中に現れ出る黒光りするゴキブリをあの赤子に退治してほしいとのことであった。

そもそも、蟻がいなくなったのは庭に除草剤を撒いたおかげなのであって、赤子がいたからではない。

ということは、ゴキブリを退治するために奴に出てほしいということ自体、明らかに違うのではないだろうか。

とりあえず、彼女の願いが叶ったとの話はまだ聞いていていない。

カーブミラー

乾ききったカラッ風が吹き荒《すさ》ぶ、凍えそうな程に寒いある早朝のこと。

いつも通り、桃田さんは軽自動車に乗って、勤務先へと向かっていた。

アパートを出て目の前の大通りを暫く北に走ると、右手に小さな小道が見えてくる。

車同士がすれ違えない程細いこの道を通ると、通勤時間の短縮になる。

彼はこれまたいつも通り、車通りの殆どないこの細い道を軽快に走っていた。

信号は一切ないが、いつ何処で人が飛び出してくるか分からない道を暫く道なりに走ると、丁字路にぶつかる。

彼は右折するために軽自動車を停車させると、曲がり角に設置されている黄色いポールの上部にあるカーブミラーを凝視した。

向かって左側のミラーで車や自転車が来ていないことを確認すると、右側のミラーに視線を遣る。

ところが、右側の凸面鏡には靄《もや》のようなものが掛かっており、何がどうなっているのか一切不明であった。

桃田さんは舌打ちしながら軽自動車を徐々に徐々に前進させてみるが、事態は一向に変わらない。

向かって左側には曇り一つないクリアな視界が広がっているのにも拘わらず、右側の鏡だけが曇って何も見えない。

果たして、こんなことがあるのだろうか。

不審に思いながら、車を更に前進させていくと、何が起きているのかが判明したのである。

どうやら右側の鏡は鏡面が曇っているのではなかった。まさしくそこの部分だけに発生した靄のようなものが、直径六十センチ程の鏡面を覆い尽くしていたのである。

彼は咄嗟《とっさ》にブレーキを踏んで、車を完全に停車させた。

そしてまるで呆けたかのように、その場でただ呆然と靄を見つめていた。

あまりにも長く見つめていたせいなのかは分からないが、とにかくその靄のような何かが突如蠢き始めた。

まるで万華鏡のようにもぞもぞと蠢いたかと思うと、ある形へと変貌を遂げた。

それは何処からどう見ても、十数匹もの仔犬や仔猫の顔面であった。

まだ瞼も開いていない愛玩動物の赤ん坊が、いずれも苦悶の表情を浮かべるかのように、幾重にも重なり合って靄の中に現れていた。

その瞬間、明らかに哺乳類の赤ん坊らしき鳴き声が大音量で辺りに鳴り響いた。

桃田さんは小さな悲鳴を上げると、軽自動車のハンドルを左に切り、急発進してその場から逃げ出した。

あんなものを見た後では、あの道を再び利用することはなかなかできなかった。

しかし、道を変えてから度々遅刻するようになってしまったため、彼は再びあの近道を通ることにした。

快調に軽自動車を飛ばしていると、またしてもカーブミラーの前で問題が起きてしまった。

例のカーブミラーの下辺りに、制服姿の警官が佇んでいたのである。

こんな人通りも車通りも少ないところで、ねずみ取りでもしているのであろうか。

考えにくいが、用心するに越したことはない。

桃田さんはシートベルトの着用を確認しながら、車の速度を緩めた。

そして停止線を確かめつつ、右折する前に一時停止した。

すると、目の前の警官がこちらに向かって歩いてきた。

理由は分からなかったが、彼は車の窓を開けて窓から首を出した。

「お巡りさん、どうかしたんですか？」

何かしでかしたのかもしれないと内心はびくびくしていたが、それをおくびにも出さずにごく自然に振る舞うようにして話しかけた。

「……あ。ああ、すみません。この辺りで、不審者を目撃しませんでした？」

そう訊ねる恰幅の良い警官に、彼は頭を振りながら答えた。

「いや、何も見ませんでしたけど」

「不審なモノなら、何でもいいんですがねえ」

「いや、知りませんね」

だが、警官は次々に質問を浴びせかけてくる。

「いつもこの時間にここ通りますか？」

「いや、あまり通りませんけど」

「先週の木曜日はどうですか？　通りませんでしたか？」

「いや、だから通り……」

ここで、思い当たった。

先週の木曜日と言えば、前回この道を通った日で間違いない。つまり、あの恐ろしい何かを目撃した日のことであった。

しかし、面倒には巻き込まれたくないし、このままでは遅刻してしまう。

「とにかく、何も知りません。すみませんが、遅刻しちゃうんで」

そう言いながら、彼はウインカーを出して右折しようとした。

「あっ、今日はちょっとこっち側は通行できないんだよね。迂回してもらえますかね」

警官はそう良いながら、左側の道に誘導し始めた。

「あ、そうですか。分かりました」

やむなく桃田さんは左折しようとして、一端右側へと視線を向けた。

数人の警官が集まって地面を凝視している。

そこには白い靄のようなものが幾つか発生しており、以前と同様に大量の仔犬や仔猫らしき頭部だけが怪しく蠢いていたのである。

彼は早鐘を打つ左胸を意識しながら、ゆっくりと左折した。

そして警官の姿が見えなくなった辺りでアクセルを深く踏みこみ、その場から逃げるように走り去った。


以来、例の近道を通る気はさらさらない、と桃田さんは言う。

噂ではあの付近で女子高生が殺されたとか何とか聞いたことがあるが、詳細は不明である。

とにかく、絶対にあそこだけは通らないほうがいいですよ、と彼は真顔で話し終えた。

我が輩は、犬

エアコン屋の槇の嫁さん、郁未さんの話。

ある晩、夜道を散歩していた。

自宅からほど近い公園の遊歩道は近隣でも絶好の散歩スポットであるようで、飼い犬を散歩させている人やナイトジョガーなどと行き会うこともしばしばある。

遊歩道の奥からチャッチャッという足音が近づいてきた。

これは犬の爪が遊歩道のタイルを蹴る音だろうか。

案の定、外灯の下に犬とその飼い主が姿を現した。

犬種は分からない。和犬をベースに色々交じった雑種の類だろうか。

半端な長さのマズルの脇から、だらんと舌をぶら下げている。

「わんわんわん」

ワンコは、郁未さんを見るなり吠え寄ってきた。

とはいえ、襲いかかるという風ではなく、どうにも人懐こく愛嬌がある。

散歩していると、人好きすぎて見知らぬ人相手でも遊んでもらいたがる犬を見かけることは時々ある。ハスキーやレトリバーのような大型犬に多いフランクな気質だが、柴犬やダックスフントにもそういう性格の犬はいる。種族差というより個体差なのだろう。

思わず郁未さんは膝を折って声を掛けた。

「わんちゃん、こんばんわー」

犬好きあるあるで、飼い主の前に犬のほうに挨拶してしまう。

ワンコは嬉しそうに郁未さんにじゃれつこうとしたのだが、今ひとつのところでリードが届かない。

顔を上げると、飼い主の男性が「どうも」と会釈してきた。

郁未さんも会釈を返した。

すれ違い様、郁未さんはワンコに別れの挨拶をした。

「わんちゃん、またねー」

……って、あれ？

振り返ると、飼い主の存在感が不意に朧気になった。

ゆらり、と歪んで闇に消えていく。

幽霊の類だった。

……あれぇ？

と、思ううちに犬の存在も朧気になった。

犬も幽霊だった。


また別の晩。

同じ公園を散歩していた。

遊歩道の奥からチャッチャチャッという足音が近づいてきた。

「わんちゃん、こんばんわー」

ここでは〈生きている飼い主と生きている飼い犬〉のコンビともよく行き会う。このため特に身構えずに声を掛けたのだが、この夜の飼い主とワンコは消えてなくなるほうだった。


なるほど、〈犬を散歩させている男の幽霊〉かあ、と頷くと、郁未さんは首を傾げた。

「いや、違うんじゃないかな。あれは、犬の幽霊だと思う」

郁未さんの見立てでは、「飼い主と散歩をしている犬の幽霊に、飼い主（の幽霊）が付属品として付いている」のではないか、ということらしい。

つまり、犬の幽霊が生前と同じ散歩ルートを歩いていて、飼い主の幽霊は犬（の幽霊）

に連れ回されているのでは、と。

「だってさ、犬の存在のほうがはっきりしてるんだもの。飼い主のほうはオマケっぽいというか、犬よりも存在感が朧気というか」

件のワンコと飼い主には、その後も頻繁に遭遇しているという。

犬なら何でも好きなので、特には気にしていない。

ねずこ

刀美《とみ》さんと電話で話していたときのこと。
『こんな話、しましたっけ？〈ねずこ〉のこと』
彼女の言う〈ねずこ〉は昨今大人気のコミックに出てくるキャラクターだろうか。
『違う違う。言うと思ったけれど』
苦笑された。詳細を訊ねる。
『そうだね。あれは私が小学校に上がる前の記憶だから――』

二十年以上前の話である。
刀美さんは自宅で白い鼠を見た。
部屋の隅にちょこんと座っている。
普通なら怖いとか気持ち悪いと思うところだが、何故かそんな気持ちにならない。
それどころか、とても可愛く思えた。
(この子、お顔が優しいし、ふっくらしているし。きっと女の子だ)

だから、鼠の女の子、略して〈ねずこ〉になった。

実際に雌だったのかは分からないらしいが、彼女はそう決めつけた。

「ねずこー」

呼ぶと白い鼠は何処かへ走り去った。


それからというもの、ねずこは人生の端々で姿を現した。

小学校から高校までの入学、卒業それぞれの朝。

大学受験と発表の朝、内定決定の報が来た日の朝。

家の中であったり、窓の外であったりと様々だ。

考えてみれば、初めてねずこに会ったのは、弟が生まれる日の朝だった。

自分以外でねずこを見たのは、母親が一回と父親が一回くらいだろうか。それもはっきり見えていなかったらしく「白い……ものはいた、かな？」程度だった。

当然彼女の中で、ねずこは不思議な存在になっていく。

（これは、何というか、福の神的な？）

入学卒業もだが、受験や合格発表、就活関連のときだからラッキーな感じがする。

その後もねずこが現れるときは、人生の節目の日か幸運が舞い込む日だった。

そして、三年前だった。

東京のど真ん中、お洒落なレストランでねずこを見た。

超高層階の窓の外、真っ白い鼠のねずこがこちらを覗いている。

足場があるのか。それ以前に、高層ビル特有の強風は大丈夫なのか。どちらにしても普通の鼠には無茶な芸当だ。それでもねずこは何となく笑っているように見えた。

「……何、この白いふわふわ」

目の前に座る彼氏が窓の外を指さしている。

刀美さんは、この日、彼の誘いで東京旅行に来ていたのだ。

ねずこはすぐに何処かへ姿を消した。

「えっと、ねずこ」

これまでの経緯を初めて教えた。彼は真剣に聞いてくれる。

そして、ああ、そっか、節目か、幸運かとひとしきり頷いた後、そっと小さな箱を取り出して、こちらへ向けて開けた。

「僕と、結婚して下さい」

この旅行の目的は、プロポーズだったのだと、そこで初めて気付いた。

（ああ！　そうか！　さっき私が買った宝くじのことじゃないのか）と思ったことは彼には内緒にしておくことに決めた。

彼からの求婚は、それ以上に嬉しかったのだから。

そして、やはり幸運が起こる前には、ねずこの姿が現れる。


『凄いでしょう？』

本当に凄いと思う。ねずこに俄然興味が湧いてきた。

『ねずこがどんな姿かって？』

刀美さんの言葉をそのまま記そう。

白くてふわふわした鼠で、尻尾もふさふさ。目は黒いけれど、優しい。

年齢は分からない。二十年以上生きていると考えるべきか、それとも世代交代をしているのか、知る術がないのだ。

『とにかく、可愛いんだよー』

羨ましいと正直に伝えると、彼女は笑った。

『実はね。またねずこ、来るかも』

令和二年、子年に彼女は母となる。

実は、お腹に赤ちゃんがいることが確実になった日の朝も、ねずこが現れた。丁度、夫を見送った後、自分が出勤しようとバッグを持ったとき、目の前のテーブルに座っていた。首を傾げて、少し笑ったような顔になって、すぐ何処かへ消えていったのだ。

『だから、子年の春に、またねずこに会えると思うんだ』

子年に赤ちゃんとねずこがやってくる。

何と縁起がよい話だろうか。あやかりたい、あやかりたい。言祝《ことほ》ぎ、言祝ぎ。

レジ袋

市川君が大学を卒業した頃だと言うから、四年前になる。

秋になり、気温が下がりだした頃、彼は山へ茸を採りに出かけた。

二十数年生きてきて初めての挑戦だ。

標的は高級な茸、松茸である。

食べるのと売るのが目的だった。

めぼしい里山に目を付け、朝早くに辿り着く。バイクで片道二時間掛かった。

人目を避け、登り口のない裏側から入り込む。

当時はこれが犯罪だと知らなかった。何処の山も勝手に入ってよいと信じていたのだ。

帰り道が分かるよう、緑色の養生テープで目印を付けながら進む。山の中で目立つだろうと、バイト先から貰ってきたもので、狙い通りの効果があった。

途中出てきた藪を漕ぎ、斜面を登る。

後から考えてみれば、赤松は一本もなかった。細めの杉か檜《ひのき》のようなものがまばらに生えているだけなのだから、松茸にはそぐわない条件である。

流石に息が切れ、途中から休み休みとなった。

ペットボトルの水を飲んでいるとき、ふと視界に白いものが入った。

レジ袋だった。

低木の枝に括り付けられており、パンパンに膨らんでいた。

コンビニのものか、スーパーのものか分からない。

大きさから言えば、パンを数個買ったときに入れてもらうようなサイズだ。

(山にゴミを放置かよ)

憤りながら近づく。中身が透けて見えた。

葉っぱや枯れ草、小枝のようだ。

この辺りの地面を掃除したのかと足下を確かめるが、さして綺麗になっていない。

おかしな袋だなと思ったが放置した。

しかし、もう少し上ったところに全く同じものが結わえてあるのを発見した。

傍に寄って確かめたが、中身も一緒だ。

(あれ、あっちにも)

その先にもうひとつ見つけた。更に近くにも別の袋が下がっている。そしてまた……次から次に見つかるので、何かの意図を感じた。

とりあえずそのままにして辿っていく。

袋が下げられている高さはまちまちだった。膝くらいのときもあれば、腰、目の高さとランダムに配置されている。

十数個ほどのレジ袋を見つけたときは山頂に近かったと思う。

ただ、これまでと違い木々が鬱蒼《うっそう》と茂っており、薄暗い場所になっていた。

不意にアウターの一部が引っ張られる。

そこを見ると小さな釣り針が布地を突き抜け、引っかかっていた。

針の根元からテグスが伸びており、辿っていくと頭上の枝に結ばれている。結び目は雑で、いい加減な状態だ。

持ってきた小さなナイフでテグスを切り、釣り針を更に突き刺して抜き取る。

(穴が開いちゃったじゃないか)

憤りながらもう一度周りを見渡すと、同じような釣り針が幾つかぶら下がっているのが見えた。針の大きさはそれぞれ違っている。

何故こんなところに釣り針があるのだろうと彼は訝《いぶか》しむ。

釣り場の近くなら、仕掛けを投げるとき、枝に引っかけたものが放置されることもある。或いは、マナーの悪い釣り人が棄てていったことも考えられるだろう。

しかしここは水場のない山の中、かつ、テグスの端は結ばれている。
完全に狙って設置したとしか思えない。
(これじゃ、まるで釣り針のトラップじゃないか……)
危険すぎるので、次から次にテグスを切っては回収していく。
ある程度取り除いたので、折った枝にぐるぐると巻き付け、目立つよう地面に置いた。
罠を仕込んだ側への警告のつもりだった。
(ん?)
立ち上がった瞬間、ふと頭上に何かの視線を感じた。
何げなく目を上へ向ける。
(何だ、あれ)
最初、それが何か分からなかった。
黒く、もっさりした丸い何かだ。
太い枝の間、腕を伸ばしジャンプしても届かないような高さにある。
大きさはバレーボールくらいで、黒の毛むくじゃらに見えた。
(ぬいぐるみ?)
誰かがここへ放置したのか。それとも別に意図があるのか。

さっきの釣り針のこともあるので気になった。

落として調べてやれ、と地面から小石を拾う。

その黒く丸いものに狙いを定めた。

（……え？）

毛の中に、二つの目がゆっくり開いていく。

大きく、丸い。握り拳より一回り小さいくらいか。全体の大部分を占めている。瞳は茶色みがかった黒だ。

鼻や口はない。いや、どうだったか覚えていない。

その視線は、確実にこちらを捉えていた。もしこれが野生動物なら、目を反らすと襲いかかってくるような気がする。が、正体が分からない。

睨み合っている最中、背中に何かが連続で二回ぶつかった。

痛みはないが、何か硬いものだ。足下に落ちたのが分かる。

咄嗟に視線を下げた。

一つはさっき自分が枝に纏めた釣り針とテグス。

もう一つはそれよりも長く太い枝に、テグスと紐のようなものが巻き付けられている。

太いほうの枝の長さは、大人の手で二掴みくらいか。

布の色は、ピンク色だ。プレゼントの箱に使われるような、テラテラした質感である。

(何だ、これ……)

拾い上げようとした瞬間、頭上のことを思い出す。

顔を上げた。腰を抜かしそうになる。

いつの間にか、あの黒く丸いものが増えていた。

少なくとも四つ以上。それらが樹上からこちらをじっと見つめている。

何かが落とされた。

緑色のそれは、どう見ても養生テープの切れ端を丸めた物だ。

だとすれば、自分が目印に貼ってきたものを剥がしてきたのか。

(まさか、さっきの枝も、何もかもコイツらの仕業だった……?)

しかし、手や足のような物や、胴体は見えない。急に怖気《おぞけ》が襲ってきた。

襲われないように警戒しながらじりじり後退し、途中で踵《きびす》を返すとそのまま全力疾走する。下り斜面で木の根元や枝が邪魔をするが、それでも走った。

何度も転び、傷だらけになる。必死に逃げる先に、やっと緑色の養生テープを見つけた。

漸く自分が侵入してきた藪に辿り着けたのだ。

ここからもう少し下るとバイクを置いた場所だ。

振り返るが、何も追いかけてきていない。

ほっと息をつく――が、しかし、左の視界に白いものが入ってきた。

レジ袋だった。

思い込みかもしれないが、来たときはここにはなかったと思う。

だとしたら、改めて誰かが結わえたのか。

(アイツらか!?)

頭上から見つめていた、黒く丸い物達。

もうこんな山にはいられない。

松茸を諦めて、這々《ほうほう》の体《てい》で山を立ち去った。


以来、市川君は山へは入ったことがない。

後日、あの日見たものに関して考えたことがある。

まず、投げられた枝のようなものだ。

改めて思い出せば、太く長いほうは骨に見えた。

例えば、鶏のものに似ているかもしれない。ローストチキンなど食べた後に残るものだ。

しかし、それよりずっと太く、長い。サイズで言えばもっと大きな生物のものとしか考えられない。

そして、頭上にいた、黒く丸いものだ。

猿に似ていたように思うのだが、それともやはり違う。そもそも、あの目の大きさだ。ネットで調べてみても、該当するような外見のものはいなかった。

まるで、レジ袋で誘導されて釣り針の罠に掛かった、そんな気がします——と彼は至極真面目な口調で語った。

罠に掛けた存在の正体は、不明だが。

リボン異聞

佐倉さんは今の勤め先に落ち着くよりずっと昔、若い頃に交通誘導警備員をしていたことがある。所謂、道路工事の棒振りである。

そのときの現場はとある地方の県道付近。交通量の多い国道と交差する県道にほど近い、特に名前もないような通りの水道工事だった。

周囲は田畑が広がっており、視界を遮る障害物も遮蔽《しゃへい》物もなく見通しはいい。が、この道路は存外に交通量が多かった。

件の県道と国道の交差点は大型車の交通量の多さもあってしばしば渋滞を起こしていた。その渋滞を避けるために、交差点で合流する前に県道側から国道にバイパスする抜け道に道慣れたドライバー達は殺到するのだが、今回はその抜け道で水道工事が行われている。

工事のために片側通行になった抜け道には大型トラックやトレーラーが往生しており、いつもにも増して渋滞が長く伸びていた。

さほど広くもない道路である。工事車両を捌きながら大型車を通すのには、人手とチームワークが必要になる。

佐倉さんは会社から支給された無線機を片手に坂道側に立った。ここは片側通行の入り口側に辺り、通過待ちで苛つくドライバーが運転台の高みから睨み付けてくる。睨まれたからといって圧に負けて勝手に車を通す訳にもいかないので、出口側にいる同僚の合図を待たなければどうにもできない。

本来なら先頭車両のほうを監視しなければならないところだが、目を合わせて絡まれるのも嫌なので、何げなく視線を逸らした。

そこで足下を見るのも不自然かと思って、首筋を伸ばすふりをして視線を上に向けた。

この日は晴天に恵まれ、僅かな雲の切れ端がのんびりと流されていくのが見える。

――と、視界の端に違和感があった。

そこには空しかない。建物の類はなく、山も鳥もない。

雲の切れ端があるくらいだ。

何も見えないが、何かがいる。いや、何かがある。

言うなれば、着物の帯のようなもの。長い布の切れ端のようなもの。

それが、遙か上空をはためいている。

強い風に吹かれてバタバタ揺れながら、右往左往したり8の字を描くように激しく舞っているのだが、佐倉さんの立つ地表付近は無風に近い。

上空は強風が吹き荒れているのかもしれないが、その帯のようなものは強風に煽られながらも空中の一点から動かない。

見えない障害物か何かに引っかかっているかのようだった。

引っかかっている帯のほうも無色透明で見えない。

色もなく形もないのだが、佐倉さんには「細長い帯のような、布のようなもの」と見えたのは何故なのか。

何が一番近いですか？　と問うと、

「……プレデターって映画、知ってますか？」

背景は見えているんだけど、一瞬だけ光が屈曲して背景がブレて歪む。

そのことで、無色透明で見えないものが、そこに確かにいると感知できる。そういう映像上の描写がある。

空間が歪曲されたような、そういう感じだ、という。

周りの風景と同化しているのに、そこだけ完全に同化せずに歪んで、見えない何かの輪郭だけが浮き彫りになる。

これと似た話は何度か聞いたことがある。

雨が降りだすと透明なリボンが蠢く話は書いたことがあるし、映画「プレデター」に出てくる光学迷彩を施した宇宙人のような何かが見える話などは、雨宮淳司氏も紹介されていた。

佐倉さんは、ただただそれを茫然と見ていたのだが、無線から「流してよし」の合図が聞こえて、我に返った。

「了解」

と無線の同僚に返答し、通過待ちの車列に視線を戻す。

棒を振ると、痺れを切らしていた大型トラックの運転手がエンジンを唸らせて車列を動かした。

ひとしきり車を流した後、佐倉さんは再び車の流れを止めた。

また数分のインターバルである。

やはり気になって、上空を見上げる。

すると、先程と同じ宙空に「何も見えない何か」が見える。

気のせいではなかったようで、無色透明な帯のような何かはこれまでと同じく激しくうねりながら舞い狂っている。

まるで見えない渋滞に巻き込まれた見えない何か、とも思える。

（とはいえ……見間違い、じゃないよなあ。何だろうアレ……）

およそ一分ほど同じ場所で舞っていたが、今度は遥か地平線の彼方にある山のほうに向けて、押し流されるように飛び去っていった。

流されていく間にもその存在は朧気ながらそこにあり続けていたが、やがて見えなくなった。

無線から同僚の声が聞こえた。

「流してよし」

佐倉さんは「了解」と再び棒を振って、車列を流した。

ざらじ

三宅さんの祖父がよく言っていた。
「ざらじが来たら、捕まぇー」と。
小学生だった彼女にとって、その聞き慣れない名前は興味の的だった。
ざらじとは何かと訊くと、祖父は笑って答えてくれた。
「カンさん《カミサマ》みたいなもんや」
所謂、福の神であり、捕まえると家が栄え、逃すと幸運が去る、というものらしい。
ざらじは丈の短い着物を着た子供の姿で、顔だけが大人である。
頭陀袋《ずだぶくろ》を首に掛け、それを繰り返し下から両手で押し上げ、音を立てる。
〈じゃらじ、じゃらじ、じゃらじ、じゃらじ〉と。
どうも中にはたくさんの小銭が入っているようだ。
この音——じゃらじが変化し、ざらじになった、とは祖父の弁である。
どちらにせよ、民間、それもごく一部に言い伝えられている話でしかない。
何だ迷信かと笑うと、祖父はムキになって否定する。

「あそこの家は、戦前にざらじを捕まえたんや。戦争の後も金持ちのままや」

この辺りで一番裕福な家の名を出す。豪奢《ごうしゃ》な邸宅と、海外製の車数台を所持する経営者一族だ。だから理屈に合うが、それも眉唾物でしかない。

信じていない様子を見て、更に祖父はこんなことを口走った。

「ざらじじゃないのを捕まえた家は、あっという間に没落した」

祖父宅の斜《はす》向かいにあった家は、戦後の焼け太りであっという間に金持ちとなった。

周辺の土地を買い占め、大豪邸を建てたという。ざらじを捉えたという噂があった。

その後、周囲の人間に対し、傲慢さを剥き出しにするようになった。

皆で相手にしなければいいのだが、そうも言っていられない。この辺り一帯で働くとき、手を回されて困ることになる。それほどの権力を持っていた。

ところが、ある冬の夕暮れだった。

中学生だった祖父が豪邸の裏側を通った。

丁度、誰かが塀に切られた裏門に入っていくところを見た。

見窄らしい格好をした大人の男が、小脇に小さな子供を抱えている。

(拐《かどわ》かしか)

不穏な空気を感じたので、小走りに近づき、閉まる間際の門から中を覗き見た。

地面に下ろされていた子供は着物姿だ。

ただ、顔だけが大人だった。

（ざらじだ）

舌を巻きつつ、瞬時にそう思った。門が閉まり、中から声が漏れ伝わってくる。

よく聞こえない。いや。日本語ではない。何事かの会話であることだけ理解できる。

（この家、二人目のざらじを捕まえたんか！）

驚きと羨ましさの中、その場を立ち去った。


しかし、この家はあっという間に身代を傾けた。

持っていた会社は次々に潰れ、土地も手放していく。

残ったのは家屋だけかと思っていたが、それもまた他人の手に渡った。

そして最後は誰もいなくなってしまった。


二人目のざらじを捕まえたのに、何故こんなことになったのか。

「二人目や、思ったのは、実はざらじやなかったのや」

どうしてそれが分かったのかと言えば、伝え聞いていた姿と少し違っていたからだ。

ペンを取り出した祖父が、チラシの裏にさらさらと絵を描く。

稚拙なものだが、着物を着た子供の身体に、大人の頭を持っているものだと分かる。

ざらじだ。

しかし、頭陀袋がない。

「そう。あのとき見た二人目は、頭陀袋なし、やってん」

だからざらじじゃなかったのだと祖父は微笑み、偽のざらじを描いたチラシを丸めて、ゴミ箱へ投げ込んだ。


だが、偽ざらじの話から一週間経たないうちのことだ。

祖母が運転する車が側溝へ落ち、高い修理代が掛かった。

そして、祖父は利き手である右手に大怪我を負った。

棚に置いておいた鉈《なた》が落ちてきて、数本の指が切断寸前まで行ったのだ。

結果、右手人差し指と中指が不自由になってしまった。

「あんなもん描いたから、罰が当たったんやろか？」

あんなもんとは、偽ざらじである。

左手で右手を擦りながら、祖父は後悔を口にするようになった。

しかしそれでも、彼は死ぬ間際まで繰り返した。

――ざらじを見たら、捕まぇー。偽モンはポイ、やけど。

なるほどね

藤田君のランニングコースに、とある物件がある。

通り掛かるのは決まって深夜だ。

「小さい駐車場があって、その向こうにある一軒家なんですけど」

マンションの立ち並ぶブロックの内側にあり、何処から入っていくものかもよく分からない。

電気は点いているので人は住んでいるようだ。

「その家は最初全然、気にしてなかったんですけど」

近くを流れる大きな川の河川敷がメインのコースなので、そこまでの道は藤田君にとっては足慣らし程度の道すがらであった。

都会にあるとは思えないほど静かな区画である。住宅と倉庫のような雑居ビルばかりが並ぶ。

車も極端に少ない。川沿いは道が狭く入り組んでいて、通り抜けもできない場所が多いからだろう。

そこにその駐車場がある。

車が奥に二台、手前に二台しか停められない小さな駐車場だ。

コインパーキングであるせいなのか、毎晩のようにそこを通っても一度も車が停まっているのを見た記憶はない。

「駐車場の自販機で水でも買おうかなって思って」


小銭を入れ、ボタンを押しても何も出てこなかった。

余分な小銭は持ってないし、電子マネーが使えるコンビニまでは少し遠い。

おかしいな、困ったなと彼はキョロキョロした。

そのとき、駐車場の奥、フェンスの向こうの二階建て家屋が目に入った。

二階の窓の電気は点いており、明るい。

そこに誰か、人の姿がある。

よく見ると、それは人のようだが、首がぐいっと長く伸びて、逆Uの字型に頭が下を向いている。

「Uターン禁止」の標識にそっくりであった。

驚いた彼は、自販機のことも忘れてそのまま家に取って返した。

「翌日になってですけど、そのまんまっていうのも、何か悔しいなってなったんですよ」

小銭を飲まれて苦情も入れていない。

窓に見えた不気味な人影も、恐らく見間違いか何かだ。

一目見て人だと思ったけれど、よく見たらハンガーに干してあるコートか何かで、首に見えたのもそういう帽子掛けか何か、なのではないか。

そう思った。

「何より日課ってのは毎日続けないといけませんから」

ルートを変えるのも癪《しゃく》だった。

河川敷は堤防の向こうで、降りるための階段は限られている。

そこの階段を通るにはどうやってもあの駐車場の前を通らなければならなかった。

気分は乗らないし雨も続いたので、結局彼が再び駐車場の前に来たのは三日後の深夜だった。

駐車場から奥の家を見る。

――いる。

いや、ある。

先日見たときと全く同じ、人の姿に見える。

ぐーっと不気味に伸びた首は、途中から頭の重みで垂れ下がるように見事な逆Uの字を描いている。

子供の頃に本で見た、ろくろ首を思い出させた。

（ろくろっ首？　そんなもんいる訳ないだろ）

彼は駐車場に踏み入った。

二階の部屋は明るい。

逆光で、ぎりぎり人の頭であるとは断言できない感じなのだ。

もう少し近づけば——と、彼は駐車場の奥まで至った。

もう目の前にフェンスがあり、ろくろ首を殆ど下から見るような格好になった。

その人影は、窓ぎりぎりのところに立っているようだった。

コートなどを上からぶら下げている感じではない。

厚みもある。

まるで人間だ。

だが顔は——。

そのときだ。

人影が動いた。

――シャッ。

手を動かして、カーテンを掴んだかと思うと、一息に閉めた。

あっという間のことだった。


「――は？　ってなりましたよ。何か、怖いというか、小馬鹿にされた感じがして」

お前が先にこっち見てたんだろ！　と彼は思った。

ただこっちは通行人、あっちは曲がりなりにも住人である。喧嘩になっては分が悪い。

深夜の駐車場から民家の窓を見上げている、こっちのほうがどう考えても不利なのだ。

「釈然としませんけど。まあ、そうなんですよね。やりあったって仕方がない」


納得はできなかったが、彼は日課を曲げずにランニングを続けることにした。

最早意地である。

またあの駐車場を通り掛かった。

見まい見まいとしても、意識すればするほど目が二階の窓を向いてしまう。

一瞬だけ、視界の隅に部屋の電灯が入った。

(あれ——いない?)

もう一度見てみる。

煌々《こうこう》と灯りの点いた部屋があるだけで、窓際に人影はない。

——やったぜ。

なぜだか彼は勝ったような気になり、小さくガッツポーズを繰り出す。

気分よくランニングに行こうとしたとき、ふと気になるものが見えた。

駐車場の自販機のすぐ横。

そこに、モニターが二つ並んでいる。

駐車場の防犯カメラの映像だ。

恐らくはコケ脅しなのではないかと彼は思ったが、そこに映し出された空っぽの駐車場に誰かが立っている。

その映像の中の人影は、奥のほうを見上げながらふらふらとそちらへ向かう。

実際の駐車場を見ても、そこには人などいない。

録画——なのだろうか。録画だとして何故それを再生しているのか?　何も分からない。

ランニングシャツにポーチ。

これは――自分だ。

そう悟った。

何も分からないが、それでも今映像に映っているのは自分なのだ。

映像の中の自分は駐車場の奥、フェンスの手前で、カメラの視界の外を見上げている。

そうしているうちに――首が伸び始めた。

自分の首が奇妙な長さになって、傾げるように今度は下へ降りてゆく。

逆Uの字になった。

（――なるほどね）

何故か、そう思った。

今思えば何がなるほどなのかまるで分からないが、そのときは膝を打つほど納得したのだ。

〈ガゴン！〉

すぐ傍らで、大きな音がした。

びっくりして飛び上がると、音は自販機からのようだった。

〈ピピーッ　ピピーッ〉

数度電子音が鳴る。

それは、自販機で飲み物を買ったときの音だ。

自販機の前には、誰もいなかった。

「いや、何が出てきたかなんて確かめなかったんですけど、多分――以前買って、出てこなかった水なんじゃないかって」

彼はランニングコースを変えたという。

泥水

事の発端は、ごく些細《ささい》な出来事であった。

会社員の井上さんは、いつも通りスーツを身に纏ってアパートを出ようとしていた。

しかし、通勤用の黒い革靴の裏に乾いた泥がべっとりと付着していたのである。

それを見た瞬間、彼は首を傾げた。

ここ数日は好天に恵まれており、自宅から会社までの道のりは、途中の駅を含めて全て舗装されている。

しかも最近は内勤しかしていなかったため、会社から外出することも殆どなかった。

不思議と言えば不思議な出来事なのかもしれなかったが、朝から晩まで激務をこなしていたため、覚えておくには些細すぎた。

覚えていないだけで、何処かで水溜まりを踏んだ可能性も否定できないので、この一件は彼の頭の中から自然に消え去ってしまった。

それから数日後のこと。

勤務先へ急ごうとしていたにも拘わらず、井上さんは玄関先で呆然としていた。靴を履こうとして伸ばした視線の先に、今度は革靴上面にまで塗りたくったかのように多量の泥が付着していたのである。

これだけべっとりと泥がくっ付いていれば、前日に何かしら思い当たるような節のある事態に遭遇しているはずなのだが、井上さんには全く身に覚えがない。

勿論、彼は一人暮らしなので、誰かが勝手に革靴を汚したといった訳はないのである。

井上さんは少々薄気味悪さを覚えながら、急いで革靴から泥を落とすと、会社へと向かった。

その日を境に、事態は急速に悪化していくことになる。

一度目から二度目の間には数日の猶予があったが、ほぼ毎日起きるようになってしまった。

それまでは家を出る直前に気が付くことが多かったが、今は起床してすぐに下駄箱を確認するようになった。

何故なら必ずといっていい程、通勤用の革靴に大量の泥が付いているのである。

履いていく靴を何度か替えてみたことがあったが、どうやら前日に履いていた靴がターゲットになるらしい。

ここまで来ると、最早薄気味悪いで済むレベルではない。

しかも事態は悪化の一途を辿っていき、起床時に身体中に泥が付着していたことも度々あったし、口内に大量の泥が詰め込まれていて飛び起きたこともあった。

こんなことが日常になってしまうと、井上さんが平穏な時間を送れるはずもない。

激務にも拘わらず十分な睡眠を取ることすらできなくなってしまった。

しかも精神状態の悪化から、まともな食事すら摂ることも叶わなくなった。

心と身体の両面が疲弊してしまったことから、当然の如く仕事でも凡ミスを連発するようになっていく。

そしてとうとう身体の何処かが酷く汚れているといった強迫観念が脳内から消えなくなり、誰彼構わず他人の目が怖くなり、自宅に引き籠もってしまった。

そんな状態になってもなお、「泥」は彼を逃さなかった。

今度は水道の蛇口を捻ると、泥水が勢い良く流れ出るようになってしまった。

銀色の吐水口から噴射される黒色の水から逃れるように、彼はそのまま家を飛び出した。

季節は十二月にも拘わらず、薄い寝間着姿のまま小銭すら一切持たずに、後先を考える余裕も勿論なく、裸足で駆け出した。

玄関を出てほんの数分闇雲に走っていると、いつしか周囲の灯りがまばらになっていることに気が付いた。

十二月の寒気が薄い寝間着をいともたやすく貫通して、彼の体温を奪っていく。

がたがたと震えながら、彼は足を止めた。

身体が冷え切ったせいか、頭脳も久方ぶりに明晰になっていき、井上さんは自分の迂闊さを呪った。

周りにあるはずのコンビニやスーパーの派手な看板は何処かへと消え去っており、静寂が辺りを包み込んでいる。

彼は自宅に戻るべく、踵を返して、一歩足を踏み出した。

そのとき。

確かだったはずの足下が脆くも泥濘《ぬかる》み、そのままバランスを崩して転んでしまった。

横たわった全身に、すぐさま濡れていく感触と、生温かい感覚が訪れる。

この臭いとこの感触。確かに、泥に違いない。

あらゆる生活臭と悪臭が混じり合ったかのような、この異常なまでの生臭さ。

それら大量の泥らしきものが、あっという間に鼻腔内や口腔内に充満していき、井上さんは全力で抵抗し始めた。

しかし、それらの力は泥を掻き混ぜる意味しか持たずに、彼の身体はゆっくりと沈んでいく。

もう、駄目かもしれない。もう、潮時かもしれない。

糞つまらない人生だったなあ、そう思ったとき。

脳内の片隅に唐突に浮かび上がった、ある仕草。両手を使ったある仕草をすれば、ここから抜け出せるような気がしたのである。

彼は脳内の声に従って、ある仕草をした。

泥の中で必死で抵抗しながら、確かに何かをしたのである。

そこからの記憶は、すっぽりと抜け落ちてしまった。

ただ、目を瞑っていたにも拘わらず、全身が真っ黒な子供のようなものが彼の前に現れて、井上さんの両手を掴んで助けてくれたような気がした。

気が付いたとき、彼はアパート前の自転車置き場で倒れていた。

肌が見えない程に泥塗れになっていたのである。

「関係あるかどうか分かりませんが」

井上さんはとある地方の出身で、父親とは顔も覚えていないほど幼い頃に死別している。

そのような理由もあって詳しくは何も伝え聞いてはいなかったが、親戚にも夭折《ようせつ》している者が多くいるそうである。

しかも、死因までは分からないが、その殆どが田圃の中で亡くなっていたとのことであった。

最終電車

「絶対、誰か分からないように書いてもらえますかね。できれば地方とか場所も」

地方は難しいかもしれない、とは断りを入れた。

忘年会シーズン、過酷な乗車率の終電の話だからだ。


室戸さんはホームに電車が入ってくる前からうんざりしていた。

ホームにはもう人がわんさとおり、一目でへべれけに酔っていると分かる奴も多い。

駅員に起こされる酔っ払いを見て「そんな奴起こしてまで乗せるんじゃねえよ」と思っていた。

室戸さんは素面である。

先日の忘年会にも残業で参加できなかった。それ自体は苦でもなかったが、他の酔っ払いは苦痛でしかない。

十五分遅れて漸く入ってきた電車は、既にどの車両も満杯だ。

(乗り切れんのかこれ)

毎日乗る時間の電車だ。比較的空いている車両は熟知している。

室戸さんはいつものドアからいつもの辺りに、ほぼ満員の車両でもスッと収まることができた。

ドアは何度も閉め直されている。他の車両で荷物やら人やらが挟まれたのだろう。地獄絵図だ。

彼は軽い安堵を覚えた。

ここでは圧迫感まではない。身体の周りにほんの少し隙間がある。

どうにか電車が走りだしていた。

周りを見ると、酔っ払いばかりの宴会用寿司百貫盛り状態だが、見知った顔もちらほらある。

いつもの終電で見る顔だ。

すぐ隣で、蒼い顔をしている奴もそうだった。

降りる駅まで同じだが、挨拶すらしたこともないサラリーマン。

(……こいつも……毎日大変そうだなぁ)

そんなことを考えていたときだ。

突然その男がこちら側へ押し出されてきて、殺人的な圧迫感がきた。

肺が押し潰されて苦しくなる。

頭の中で、限界まで盛りつけた宴会用の寿司が寄って、崩れる。

駅間を走行中で人の増減もなく、急ブレーキでもない。

すぐ近くに先程の、いつも終電で見る男の顔がある。

苦しそうで、泣きそうな顔だ。

そのすぐ向こう――。

背の高いおっさんが、その男に思い切りもたれ掛かっていた。

オールバックに撫でつけた白髪頭。黒いコートの襟。

そのおっさんが背後の乗客数名に体重を預けて、立ったまま寝ているのだ。

鼾《いびき》まで聞こえる。

(何だこのオヤジ、ふざけんなよ)

稀にそういう奴はいる。

室戸さんはそういう利己的な人間が許せなかった。

「吐くまで呑んで、公共交通機関乗る時点でもう人間失格ですよ。その上他人を背凭《せもた》れ代わりにするなんて、畜生でしょう、畜生」

多少ならまだ仕方がないとしても、次の駅もその次の駅もずっとそのままだ。

一泡吹かせてやりたいと、彼は考えたのだそうだ。

「降りる駅の前まで来た頃ね。俺とそのおっさんに挟まれてる、いつもいる奴に声掛けたんですよ」


降りる駅も同じだ。

二人同時に、一気に下車したら後ろのおっさんはどうなるだろうか。

「あなたも次で降りるんでしょう？　いっせーのせーで、一緒に出ましょう」

意を決して、小声でそう持ち掛けた。

相手は最初驚いていたが、室戸さんが背後のおっさんを指さすと、意図を汲んだようだった。

少しだけにやりとして、頷いた。

電車が停まり、ドアが開く。

合図して、室戸さんと見知らぬ男は、他の乗客をかき分けて走って車外に出た。

——ゴッ。

酷く重たい音がした。

振り返ると、車両の床の上に仰向けに倒れたおっさんの姿があった。

ヤバい音がした、とは思ったが、おっさんは起きる様子もない。

ただ、ズーズーという鼾がゴゴッゴゴゴッという具合に変わっていた。

大部分の乗客は、何が起きたかも分からないようだった。

ドア付近の数名がそれに気付いて、やや心配そうに覗き込んだが――ドアは閉まった。

電車はそのまま走り去った。

室戸さんと見知らぬ男は、二人で「やったぜ」と笑い、そのまま駅で別れた。

名前も知らないサラリーマンと共犯になった気分であった。


「家帰ってからちょっと心配になりましてね。ネットで検索しまくったんですが」

ほんの数件、それらしき情報が引っかかったのみ。

数駅先で急病人が出て遅延が発生したというものだ。

車内で倒れている酔っ払いがいて、救急車を呼ぶ事態になったようだが、容体まで分かるような情報はない。

室戸さんは気分が悪くなってパソコンを閉じた。

報復されるとも思っていなかったが、翌日からはもう車両を変えた。

顔を見られた訳でもないにしろ、駅には防犯カメラがある。本気で報復しようと思えば探せるかもしれないし、もし死んでいたら警察が来る可能性もある。

警察のほうが怖かった。

しかし何事もなく、数週間が過ぎた。

共犯の男とも顔を合わせることはなくなった。

年が明けて暫くした頃だ。

いつも通り終電で帰宅しようとした彼は、家の前に誰かが立っているのに気付いた。

家の前というか、もうマンションのエントランスの中だ。

住民の誰かと思った室戸さんだったが、思わず二度見した。

共犯者——昨年まで終電で毎日のように見かけていた、あの大人しそうな男だ。

「あ」

咄嗟に声が出た。

「ええっ」

共犯者も驚いたように声を上げた。

(何でウチが分かったんだ)

それよりも、共犯者のほうが室戸さんよりも驚いているのが気になった。

「あの、もしかして」

男は親指でエントランスを示す。ここに住んでいるんですか、ということだろう。

室戸さんは躊躇《ためら》いつつ頷く。

「あなたは……何でここに」

いきなり尾行しやがったな、とはいえない。

駅までは同じなのだ。

例えば尾行すれば分かるだろうが、こうして入り口で待っているだけなら駅で声を掛けるのと変わらない。

「いえ、何というか——うまく言えないんですけど、その、尾《つ》けたとかじゃなくて」

「それがほんとに、気色悪い話なんですけど」

男によると。

彼は引っ越したのだそうだ。

あの出来事のあと、彼もまた苛まれた。室戸さんよりも深くだ。

言い出したのは室戸さんとはいえ、実際に体重を預けられていたのは彼だからだろう。

同じ電車に乗るのが嫌で、今月になって逃げるように別のアパートを借りたのだという。

路線も全然別になっていたのだが、気が付くとあの電車に乗っているのだ。

確実に家路に就いたはずなのに、乗り換えた記憶もなく、前の終電に乗っている。

それまでは途中で気付いて折り返していたのだが、この日は気が付いたら駅であった。

折り返しの電車もないため、まだ契約が残っている前の住居に戻ろうとしたのだそうだ。

駅を出ると、背の高いおっさんがいた。

見たことがある――あの日、電車でもたれ掛かってきたオヤジだ。

おっさんは、薄目を開けただけで寝ているような無表情で、まっすぐある方向を指さしていた。

彼は逃げようと思ったが、何故か抗えなかった。

ふらふらとその方向へ進む。

最初の交差点に、またあのおっさんが立っていた。またある方向を指さしている。

そうして気が付くと、おっさんは室戸さんのマンションの前に立ち、ここを指さしていたのだそうだ。

「それが俺が帰ってくるほんの少し前だっていうんですよ」

同じ電車に乗っていたのだから、大した時間差はないであろう。

室戸さんも引っ越したという。


転居後、新しい通勤経路にも慣れてきた頃だ。

新しい経路はやや遠く、終電も少し早い。

乗り換えもあるが、始発駅であるため平日なら座ることもできた。

座って携帯を見ていた彼が、ふと顔を上げると異様に混みあっていた。

(あれ――。いつの間にこんなに混んできたんだ)

何だか知っている混み方だ。

次の停車駅を見ると、前住んでいたあの駅だった。

(降りちゃいけない、降りちゃ――)

なのに何故だろう。

指先でほんの一押し、それだけで立ち上がって鞄を抱え、乗客を押し退けて下車してしまいそうな自分がいるのだ。

停車してドアが開いている間、彼は汗びっしょりになって、出ていきそうになるのに耐えた。

ドアが閉まった。

彼はそのまま、終点まで立ち上がることができなかった。

疲れてるんですかね、と彼は不安そうに言った。

お化け踏切

私の自宅の近所に、かつて「お化け踏切」と呼ばれていた踏切がある。

今では何の変哲もないごく普通の踏切であるが、昭和の頃、そこには女の霊が出るとの噂があった。

しかも昼夜を問わず目撃されており、そのことが原因の事故が絶えなかったという。

しかし、当時は遮断機も警報器もなく、むしろそれが原因ではないかとも考えられる。

とにかく、あまりの事故の多さに、住民達は鉄道会社に遮断機や警報器の設置を訴え出たが、彼らの腰は非常に重かった。

そこで地元の地主が先頭に立って、とある人形師にあるものの制作を依頼したのである。

それは、かなり精巧な幽霊人形である。

目撃談を参考に作られたため、勿論等身大の大きさであった。

これらの女幽霊の人形と看板を線路脇に設置して、行き交う車への注意喚起を行った。

この看板の内容は「幽霊からみなさまへ」から始まり、「此《こ》のふみきりは、魔のふみきりです」とか「次の番を待っています」だの、なかなかの文言が揃っていた。

このような住民の働きによってこの踏切での事故は激減したのであった。

流石に鉄道会社も黙ってはおられず、翌年には遮断機と警報器も無事設置されて、幽霊人形はお役目から解放されたのである。

こういった例もあるように、「踏切」は事故や事件が数多く発生することから、怪異に遭われた方は比較的多い。

＊　＊　＊

野中さんは年賀状を出しに郵便局へと向かって歩いていた。

自宅から目と鼻の先であったが、如何《いかん》せんその間には踏切が立ちはだかっていた。

しかも近くの駅で快速電車の通過待ちをする都合上、一端遮断機が下りるとなかなか開かない。

歳のせいかめっきり弱くなった足腰を叱咤して、少しでも早く踏切に辿り着こうとしていたが、残念なことにあと一歩のところで遮断機が下りてしまった。

こうなってしまった以上、どうしようもない。

野中さんは喧しい程にがなり立てる警報器が鳴り響く中、少しでも足腰を休めるべくその場でしゃがみ込んだ。

踏切の向こう側には、いつの間にかたくさんの人々が電車の通過を待っていた。

彼は身体を休めながら、待っている時間を潰すべく、何げなく彼らの仕草や表情を見物することにした。

パリッとした背広を着たサラリーマンは、待ち合わせでもしているらしく、腕の時計を盛んに気にしている。

学生鞄を持った女学生はけたたましい笑い声を上げながら、何故か自分の顔や腹を叩きながら爆笑している。

割烹着《かっぽうぎ》を着た若干太めの主婦は、踊りの練習でもしているのであろうか。不格好に舞いながら、遮断機の端から端まで行ったり来たりしている。

こうやって見ると、色々な人がいるものだなあ。

八十生きても、まだまだ面白い発見があるものだ。

そう思いながら、そろそろ遮断機も上がるだろうと予測して、ゆっくりと立ち上がった。

一瞬、我が目を疑った。

線路の向こう側にいたはずの人々の姿が、何処にも見当たらない。

そんな馬鹿な。一体何処に隠れてしまったのか。

辺りを見回すが、大人どころか子供が隠れるような場所すらない。

訳が分からず、野中さんは立つ位置を変えようとして一歩踏み出した瞬間、アスファルトの窪みに嵌《はま》って、思わず尻餅をついてしまった。

幸運にもそれほど強い衝撃はなかったので身体に影響は無さそうであったが、それより何より、目の前に写る人々の姿に酷く驚いた。

いる。確かに、いるじゃないか。

ほっと安心してゆっくり立ち上がると、驚くべきことに彼らの姿は消えてなくなっていた。

思わず悲鳴を上げそうになったところで、物凄いスピードで電車が通過していき、程なく遮断機が上がっていった。

彼は丹念に辺りを見回したが、この踏切で待っていた人物は自分一人だったことに気が付いて、そのまま踵を返して自宅へと戻っていった。

＊　＊　＊

美加さんは、自宅近くの踏切だけは絶対に通らないという。

「とにかく、無理なものは無理！」

大袈裟に首を振りながら、彼女は言った。

「ちょっと前まではフツーに通っていたんだけど……」


バイトの帰り道。

辺りはすっかりと暗くなっており、いつもは行き交う人々や車で賑やかなこの通りも、静まりかえっている。

彼女は早足に帰路を急いでいたが、踏切の前でふと足を止めてしまった。

何故なら、誰かの話し声が聞こえたような気がしたからである。

おかしい。辺りには誰もいないはずなのに。

不審げに辺りを見回すが、案の定人っ子一人見当たらず、周辺は静寂に包まれている。

何だ。気のせいか。

そう思って家路を急ごうとしたとき、耳元で声が聞こえてきた。

「次はおねえちゃんの番ね」

息が一瞬止まって、思わず目を見開いたその瞬間、誰もいないはずのところから二人の女の子が現れ、彼女目がけて走ってきた。

黄色い帽子の下にある、腰辺りまである長い髪をなびかせて、何処かの制服姿の幼女が二人、物凄い速度で近寄ってきたのだ。

「……ぶつかるっ!」

反射的に身体を腕で防御しながら目を瞑ろうとしたとき、二人の少女はまるで互いに融合するかのように球形になった。

そしてそのまま、線路を東に向かって移動していった。

「もう、二度と遭いたくないから。あそこだけは絶対に無理なんですっ!」

吐き捨てるように言って、彼女はそっぽを向いた。

＊　＊　＊

夕闇が近づいてきた、ある晩夏の頃。

北村さんは買い物に行く途中、小さな踏切を渡っていた。

辺りには人や車の影は見当たらず、控えめに鳴いているはずの虫の声が、やけに大きく聞こえてくる。

汗ばむシャツに風を送りながら、線路の真ん中程まで辿り着いた、そのとき。

彼女の全身に、一気に寒気が襲いかかってきた。

突如訪れた体感温度の激しい変化に付いていけない。もう少しで踏切を渡り終えるにも拘わらず、我慢できずにその場でしゃがみ込んでしまった。

まるで頭の奥底に鉛を詰め込まれたかのようにずっしりと重く、全身は氷水にとっぷりと浸されたかのように、酷く冷え切っていた。

「へっ、へっ、へっ、へっ、へっ」

何処からともなく、男性の声が聞こえてきた。

途轍《とてつ》もなく低く、重量感のある、中年男性のものに思える。

「へっ、へっ、へっ、へっ、へっ」

ガンガン痛む頭を手で押さえながら、この不気味な声から逃れようとして、言うことを聞かない身体を強引に動かそうと試みる。

しかし身体は全く動かない。むしろ意識を保っていること自体が不思議に思われるくらいであった。

そのとき、踏切の遮断機が降りだし、喧しいほどの警報が鳴り始めた。

彼女は下っ腹が収縮する感覚を覚えながら、両手を地べたに着けた。

このまま這っていこうと考えたが、残念ながらそれすらも叶わなかった。

左足に違和感を覚え、やっとのことで首だけを動かして、後ろに視線を遣る。

すると、線路のど真ん中辺りからにょっきりと生えた真っ白い手のようなものが、自分の左足首をがっちりと握っていた。

心臓が飛び出すくらいに驚いていたが、今はそれどころではない。

力の限り左足を引いてみるが、うんともすんとも言わない。

鳴り続ける警報が、より一層激しさを増したような気がしてくる。

すると、下り方面から、何かおかしなものが線路の上を結構な速度でこちらに向かってくるのが見えてきた。

大きさから考えて、電車でないのは明白であった。

高さも幅も全然違う。強いて言えば、子供くらいの大きさの物体であろうか。

「へっ、へっ、へっ、へっ、へっ」

耳元でその声が聞こえたかと思うと、そのおかしなものは彼女の目の前を通り過ぎていった。

それは背広を着た中年男性であった。酷く太っており、顔面のみならず毛髪の薄くなった頭部まで真っ赤に紅潮している。

しかし、その男性の下半身は全く見えなかった。

上半身だけが線路上を伝って、かなりのスピードで、奇声を上げながら上り方面に向かって通っていくと、あっという間に消えていった。

呆然と見守る彼女の足首から、氷の感触が消えてなくなった。

それを合図とばかりに、遮断機がゆっくりと上がり始めた。

警報音も次第に消えていき、辺りには虫の声だけが鳴り響いていた。

北村さんが、そのまま自宅に戻ったのは言うまでもない。

＊　＊　＊

このように、踏切に関する体験談は結構見受けられる。

本稿を執筆するに当たって、かつてお化け踏切と呼ばれた場所へ足を運んだ。

現在では新しい駅が設置されたこともあってか、かなり車通りが多いところであった。

踏切には事故で亡くなった方を鎮魂する目的なのか、地蔵が設置されている。

行き交う自動車を狭い踏切の背後に感じながら、この場で亡くなった方々に対して深々と頭を垂れているとき、何処からともなく、何かの悲鳴が聞こえてきたような気がした。

それは女性のような、赤ん坊のような、はたまた犬か猫のような、全く判断の付かない音であった。

全身にうっすらと粟立ちを感じながら、私はその場から早急に立ち去ることにした。

こんにちは赤ちゃん

その年、佐倉さんは年内の帰省がままならなかった。

千葉にある実家の最寄り駅に着いたのは、元旦の午前十時頃であった。

初日の出も初詣も元旦の朝餉《あさげ》にも間に合わなかったが、これなら何とか昼前には辿り着けそうだ。

下り線の電車がホームに滑り込む。

開いたドアから降り立つと、そこは殆どホームの端だった。改札へ続く階段からは大分遠い。

疎《まば》らな客に紛れ、階段を目指して歩き始めたところで、丁度ホームの逆側に上り線の電車が滑り込んできた。

開いたドアから若い夫婦が降りてきた。

一人乗りのベビーカーを降車口から降ろし、若い父親がそれを押していく。

若い母親はベビーカーを覗いて、赤ん坊言葉で楽しげに話しかける。

初孫を見せにきた、といった風情である。

穏やかな元旦の朝に、幸福そうな若い一家。

何ともおめでたい気分になった。

佐倉さんも子供好きであるので、この幸せそうな一家の子供は如何なる幸せ者かと気になって、ふとベビーカーを覗いた。

その中に、赤ん坊はいなかった。

セルロイド製の青い人形が置かれている。

目鼻も口も一体成型の玩具である。

つるりてかりとした肌は、触れれば指紋が付きそうだ。

赤ん坊のための玩具だろうか、と思った。

だが、一人乗りのベビーカーに、赤ん坊はいなかった。

仰向けに寝かされているのは、セルロイド人形だけである。

若い父親は両手でベビーカーを押しており、それに寄り添って歩く若い母親は赤ん坊の世話に使うのであろう小物を入れた巾着袋を片手に提げている。

抱っこ紐もおんぶ紐もない。

赤ん坊は何処にもおらず、二人はにこやかに笑いながら仰々しくセルロイド人形を運んでいるのである。

何故子供じゃないんだろう。

何か特別な事情が？

佐倉さんは考えた。

例えば、夫婦は何らかの事故や死産、流産で赤ん坊を亡くしたばかりで、その悲しみが癒えないためセルロイド人形を亡くした我が子に見立てている、とか。

見ず知らずの者が踏みこんで理由を訊ねるのは憚《はばか》られるし、何を推論しようとも答え合わせはできない。

穏やかな正月を彩る幸せそうな若い一家の情景は、瞬く間に気の毒な若夫婦への憐憫《れんびん》に変わっていく。

ベビーカーのシートを陣取るセルロイド人形とそれをあやして歩く夫婦の対比に、何とも切なくも気の毒な気持ちが込み上げてきた。

人波に揉まれつつセルロイド人形に見とれながら歩くうち、階段に辿り着いた。

ホームに上がってくる人の群れに紛れて、人形を連れた若夫婦を見失う。

仕方なく下りエスカレーターの列に並んだところ、再び先の若夫婦とベビーカーが視界に入った。

ベビーカーの中では、頬に紅の差した赤ん坊がキャッキャッと満面の笑みを浮かべてはしゃいでいた。若い両親はそれにつられて、赤ん坊とよく似た笑顔を返している。
人形は何処にもなかった。

観劇

「先日、息子の学芸会に行ったんですよ」

小学生の息子さんの学校行事で、古橋さんは体育館を訪れた。

「ケータイとコンデジしかないし、前のほう行きたかったんですけどね。前のほうは熱心なお父さんお母さんで埋まってて」

空いている席は後ろから二、三列までだけ。

少しでも前に行こうと古橋さん夫妻は、その空いている席のうち一番前に座った。

「劇が始まって、観ていたんですけど、五分くらいしてからですかね。変な声が気になるようになったんですよ」

〈オバイガーオバイガー〉

〈デデデブブブ〉

或いは〈オマイガー〉、だろうか。

〈オーマイガー〉ではない。
時折、そういう妙な声が聞こえ始めた。
幼児だろうか。
小学校とはいえ、観劇者が幼少の弟妹を連れていることは特に変ではない。
短い劇に集中する。
有名な童話だが、人数の都合上、それでもかなり端折っている。
我が子の出番になった。

〈オバイガーオバイガー〉
〈デデデブブブ〉
〈あびるあびる〉
〈キャハハハッ〉

一際声が多くなった。
あまりに頻繁なので、ふと気になって声のほうを振り向く。
客席は暗いが、それでも若い女だとは分かった。

外で見かけたなら小学生の母親とは思わないだろう。

がらりと空いた後ろの列。古橋さんの左後ろの位置だ。

女は、すぐ隣の席に小さな子供を座らせている。

そう思った。

だがよく見るとそうではない。

座らされているのは、大きめのフランス人形だ。

それはどう見ても人形である。


〈あびるあびる〉

〈デデデブブブ〉


(――何で音の出る玩具なんか)


そういう玩具は珍しくない。

確かに、開演前に携帯の電源は切れとアナウンスがあったが、玩具は何も言われていない。

だとしても非常識ではないのか。

女は、フッと笑った。
古橋さんも、不快感が顔に出てしまっていたのだろうか。
女は軽く頭を下げると、玩具の首を掴んで、その首を――グシャリと背中側に曲げる。

〈イデデデデ〉

そう言ったように感じた。
それきり、玩具は静かになった。
静かにはなったが、そんな残酷なスイッチの切り方があるだろうか。
再びちらりと背後を見ると、さっきの女はまた妙なことをしている。
小さな手提げバッグの中に、あの大きな人形を無理矢理詰め込もうとしていた。
観劇後、古橋さんはあまり舞台に集中できなかったことを旦那さんに漏らした。
すぐ後ろに変な人がいたでしょう、と言うと。
「いや、そんな人いなかったけど」
と言われた。

コンデジで撮っていた動画にもそんな音は入っていない。

「そもそも開園後すぐ後ろの列埋まったろ」

確かに、演目が終わって席を立ったとき、一番後ろの列まで空きらしい空きはなかった。

「夢でも見てたんだろ」

そう言われてしまった。


だがその日帰宅したお子さんが、一番に古橋さんに言ったことは全く予想外のことだった。

「おかーさん、知らないおねーさんが、おかーさんにゴメンって」

唖然とする古橋さんに、一枚の封筒を渡してくる。

封印はされていない。

中には、たった二本の金髪が入っていた。

それは作り物——人形の毛髪であった。

面

七瀬君の家には、彼が小学生のとき授業で作った面があった。

当時流行っていたゲームのモンスターをモチーフにしているので、カラフルだ。

紙粘土で制作された、被るより壁に掛けて飾るタイプだった。


この面は何度かおかしなことを引き起こしている。

学校での展示から帰ってきた面を、父親がリビングの壁に飾ってくれたのだが、これが勝手に動いた。

風もないのに左右に揺れるのは序の口。

時々僅かに前後に動いて壁に当たり、カキンカキンと金属のような音を立てる。

この音もおかしい。紙粘土なのだからこんな甲高い音は鳴りようがない。試しに面を浮かせてから壁に軽く当ててみるが、鈍い音しか聞こえなかった。

あるときなど、知らないうちに両親の寝室に移動していたこともある。

彼も両親も、誰もそんなことをしていない。

母親が言うには「棚の真ん中くらいに置いてあって、ベッドのほうを向いていた」らしい。

気持ち悪いから棄てようとなったが、戻ってくる。

可燃ゴミとして出したはずなのに、面だけがぽつんと玄関ドアに立てかけてある。

再びゴミへ出すと、今度は七瀬君の自転車の籠に入っていた。

それでもと、家族でドライブに出かけた先のゴミ箱に放り込む。

車に乗ろうとしたとき、遠くから誰かに呼ばれた。

振り返ると知らない男性が走ってくる。その手にはあのカラフルな面が握られていた。

「これは大事な物でしょう？　ベンチの上に忘れていましたよ」

どうしてこの人物はそんなことを言うのか分からない。大事な物扱いもしていない上、レジ袋で二重三重に包み、ゴミ箱へ入れたのだ。ベンチにあることは考えられない。

男性がゴミ箱を漁った可能性も考えたが、メリットはないだろう。

その日、他の場所でも同じように廃棄してみたが、似たことが起こった。

そのときは若い女性であったが、ベンチではなく自販機の近くだったと聞いた。

両親も彼も心底怯えた。

「……壊してから、何処かへ棄てよう」

父親が決定する。が、何故今の今までこのアイデアが出なかったのか。

翌週、休みの朝に父親が庭で面を砕いた。

思ったより簡単に粉々になっていく——のだが、辺りに異臭が漂い始めた。

質の悪い豚肉や鶏肉の脂の臭いに、甘い香りが混じったような強い悪臭だ。

「臭っ！　ここからするぞ！」

父親が顔を顰《しか》めながら指した先には、壊れた面があった。

軍手とマスクをして三つのレジ袋に分散し、コンビニとスーパーのゴミ箱へ棄てた。

面は戻ってこなかった。

棄てた後、そのコンビニとスーパーに老人が運転する車が突っ込んだ事件が起こったが、面との関係は分からない。


何故、あの面が異変を起こしたのか。

七瀬君には思い当たる節がある。

面の中に、父方の祖母の髪の毛と、母親の爪を埋め込んでいたのだ。

当時、何かの漫画で読んだ〈呪いの面〉を作ろうと思ったからに過ぎない。

祖母の髪は、当時同居だった彼女が昼寝しているとき、鋏《はさみ》で切って盗んだ。

母親の爪はゴミ箱から失敬した。

それぞれが粘土の表面に出てこないように工夫し、完成に漕ぎ着けたのだ。

異変が起こりだしたとき「呪いの面としてふざけて作ったけど、それが原因かもしれない」と言えなかったのは、祖母のことがあった。

面が学校で完成した直後、祖母が急死したからである。

彼は、祖母の死と呪いの面に因果関係があると思い込んだ。

だから何が起こっても、言い出せなかったのだ。

当然、爪を使われた母親が死んでしまったらどうしようと密かに悩み、気を揉み続けた。

だから、面がなくなって一番ほっとしたのは彼だったのかもしれない。

成人後、母親からこんな話を聞いた。

「あのお面、覚えている？　変なことばっかりあったお面」

記憶にあると答えると、彼女は苦笑いを浮かべながら口を開いた。

「お面が家に来てから、たまにお祖母《ばあ》ちゃんが出てきてたのよ」

灰色のパジャマ姿にカラフルな面を被って、ベッドの周りをぐるぐる回っては時々母親の顔を覗き込んできた。何か様子を窺うような雰囲気があったという。

「怖さより、気持ち悪いなぁって。あの頃、お祖母ちゃんと仲悪かったからね。何でいつまでも出てくるの？　成仏してよ、って」

嫁姑問題があったとはこのとき初めて知った。

「見えていたのは私だけだったから。お父さんにも言わなかった。怖い、とか、厭だって口に出すと死んだお祖母ちゃんに負けた気がするじゃない？　だから黙ってたの」

今更ながらに語られる話に舌を巻きつつ、七瀬君はあることに気が付いた。

「どうして、お祖母ちゃんだって分かったの？　お面被っていたんでしょ？」

母親が驚いた顔になった。気付いていなかったのだ。

「服とか体型で……でも確かにあんなパジャマ持っていなかったなぁ」

だとしたら、母親が見たお面の人物は誰だったのか。

面と祖母の死の関係は本当に呪いなのか。

今も定かではない。

現在、七瀬家ではお面を飾らない家族ルールが定められている。

あれぇ？

とても寒い冬の夜だった。

戸川君は残業で終電帰りとなった。

駅を出て、自宅に向けて歩きだす。疲れ切っているので、できるだけショートカットしていきたい。だが、コンビニに寄る用事もあった。

悩んだ結果、いつもの通勤路を選んだ。コンビニがこのルートにしかなかったからだ。

用事を済ませ、白い息を吐きながら住宅地に入る。

（あれ？）

進行方向の左側が僅かに明るくなっていた。

オレンジ色のものがちらちら動いているから、焚き火のような雰囲気だ。

空を見上げると、一本の煙が夜空に向けて上がっている。

（おいおい。ここは物を燃やすのは条例で禁じられているぞ……）

常識知らずの家だと近づくにつれ、ふと思い出した。その場所が誰も住まない空き家であったことを。

（じゃあ、不法侵入者が火を使っているのか？）

火事になっては大変だ。件の空き家に植えられた垣根の隙間から中を覗いた。

庭の中央で焚き火が盛大に燃えさかっている。

傍にはコートを着た一人の人間が立っていた。

黒っぽいフードジャケットと細身のパンツ姿から、若い人間のように見える。ただ、フードを被っているので、それは明言できない。勿論性別も分からない。

その人物は足下に段ボール箱とゴミ箱らしきものを置き、そこから何かを次から次に火にくべている。

何を燃やしているのか、目を凝らした。

何か長方形の薄い板のようなものが火に投げ入れられた。

それはどう見ても位牌にしか見えなかった。

位牌は次々に炎の中へ放り込まれる。黒く艶のある本位牌。白木位牌。両方ある。時には古びた粗末な位牌も挟まれた。

（位牌って、あんな雑に燃やしていいのか？）

普通ならお寺に頼むとかじゃないのか。知識がないから分からない。

注意すべきか、それとも警察でも呼ぶべきか。悩んでいると風向きが変わったのか、煙がこちらへ流れてきた。

　思わず鼻を押さえる。

　煙臭さとともに、傷んだ豚肉と鶏皮を焼いたような悪臭が襲ってきたのだ。

　いや、ベースにきつい腐敗臭と、古びたトイレの糞尿臭がある。

　思わず吐きそうになった。

　燃やしているのは位牌だけではないのかと、改めて庭のほうを見る。

　いつの間にか相手はこちらを向いていた。

　その顔はよく見えない。フードのせいもあるが、全体的にぼやけており、立体感がないのだ。強いて例えるなら、テレビの罰ゲームでベージュのパンストを被った顔を思わせる。

　だが、笑える要素は一つもない。

　そもそも位牌を燃やすぼんやりした顔の人間など、忌避すべき存在だ。

　戸川君は咄嗟に逃げた。足音が響こうが、何をしようが関係ない。

　全力で走る。自宅アパートにさえ入れば大丈夫だと何の確証もなく思う。

　途中何度も振り返るが、フードは追いかけてきていない。

　部屋に入り、鍵を掛けた。

　息が苦しい。思わずその場でしゃがみ込んだ――瞬間に、ノックされる。

弱々しいその音は、間隔もまばらであるが、明らかな意思を感じた。

音を立てないように立ち上がり、ドアスコープを覗く。

誰もいない。ふと気になって部屋の中を振り返ったが、異常はなかった。

しかしノックは続く。外には誰も立っていない。

(チャイムがあるのだから、そっちを押せばいいのに)

混乱のせいか、支離滅裂なことを考えていると、隣のドアが激しく開く音が聞こえた。

「煩《うるせ》ェぞッ！　静かにしろ！」

荒々しい男の怒鳴り声が轟《とどろ》いた。が、そこから無言が続き、ややあってから小さな声で、

「あれぇ？」と困惑した様子の声が聞こえる。そして扉が静かに閉まり、ロックされる音が聞こえた。

いつの間にか、ノックは止んでいた。

ほっとして、部屋中の施錠を確認した後、風呂に入らずにベッドへ潜り込む。

もし浴室に入っているときに何かが侵入してきたら……と考えてしまったからだった。

いつもは消す常夜灯を点けた状態で、目を閉じる。

だが、それから朝まで起き続ける羽目になった。

何故なら、さっき怒鳴った隣の住人が、何度も繰り返しドアを開けては叫ぶからだ。

「おい！　煩ェぞッ！」

「おい！　ノックッ！」

「おい！　時間ッ！」

「おい！　テメェッ！」

そして最後は必ず「あれぇ？」と小さく呟いて戻っていく。

隣の住民の行動は、朝まで続いた。だから、それまで眠れなかった。

勿論、確認などする気は欠片も起きなかった。


翌日、いつもより早く部屋を出て、会社へ向かう。あの、空き家の庭を確かめるためだ。

しかし、通勤する人間が多く、立ち止まって中を見られそうにない。

歩きながらそっと垣根越しに中を覗くと、確かに焚き火の跡はあった。今も少し煙が出ており、完全に鎮火していない。

だが、そこに位牌の痕跡があるかどうかは、確認できなかった。

残業帰りにも立ち寄ったが、今度は暗くて分からない。

不法侵入を覚悟して庭に入った。が、焚き火の燃えかすがあるだけで、位牌やそれに類するものの残滓《ざんし》は見当たらない。

勿論、フードの人間が現れることもなかった。

それから一カ月半ほどの間、何もなかった。

隣も静かなもので、生活音すら聞こえない。

だが、ある夜、残業から戻ってきたときだ。

部屋のドアを閉め、レターボックスをチェックすると、千切られたノートのページが二ページ分入っていた。

内容は両方とも同じ物だ。

携帯の電話番号と、住所、男性らしきフルネームが黒いペンでデカデカと記されている。

更に隅には小さなイラストがあった。目の大きな人の顔、のようだが、如何せん下手で何を描いているのか判然としない。

そして番号、名前、住所に心当たりがない。全く知らないものだ。

何処のどいつだと考えたとき、何故か隣の住人ではないかという想像が頭に浮かぶ。しかし確認ができない。もちろん隣に訊きに行くなどやりたくない。

それに、何となくあのフードの人間が関係しているような気がした。

(厭だなぁ。これ……あ。そうだ)

ふと思いついて、千切られたノートを持って外へ出た。

一枚は折りたたみ、音を立てないように隣の郵便受けへ半分ほど差し込む。

次は人目を避けてあの空き家まで行き、庭へ入った。

焚き火跡の傍にもう一枚のノートを置き、近くにあったブロックでしっかりと押さえた。少々の風では飛ばないよう、何度も確認してから部屋へ戻る。

この場所に関係している物ならば、返してやろうと思ったのだ。

隣の部屋に入れたのは、ただ何となく、だったのだが。

戻ってくると、隣の郵便受けからノートが消えていた。受け取ったらしい。

翌朝、通勤時に空き家の庭を見たが、こちらもブロックごとノートはなくなっている。

誰か分からないが、こちらも何者かが受け取ってくれたようだった。


それから間もなく、新年度になり、戸川君は他の支社へ転勤した。

だからあの空き家の状況も、フードの正体が何であったのかも、隣の住人がその後どうなったのかも、知らない。

ただ、引っ越す前日の深夜だ。

弱々しいノックが数回鳴った。

それが止むと、今度は隣がドアを開けて怒鳴る声が朝まで何度も繰り返された。
毎回、最後に「あれぇ?」と言う困惑の声付きで――。

賽の目

「その心霊スポットに行ったんですよ」

山間の廃ホテルだったという。

そこを男女六人で訪れた彼女らは、一階で妙なものを見た。

「昼間だったんでイケると思ったんです。二階から上はもう、怖くって全然無理だったんですけど」

一階にレストランらしき部屋があった。

広くて、大きな窓から外光が入ってくる。

それに照らされて――。

「何か天井から、紐みたいなのがいっぱい垂れてたんですよ。それ見た瞬間に、もう」

そこで彼女はギブアップした。

注連縄《しめなわ》のようだったと語る。

「トモっていう、ホステスやってる女の子と一緒に、車まで戻って二人で待ってることにしたんです」

待っている間。

携帯も圏外で、椋木さんとトモさんは二人、車中で他愛ない話をしていた。

げらげら笑ったトモさんが、ふと顔を前に向けた瞬間だ。

そのボリューミーに纏められた派手な後ろ髪から首筋に掛けて、一本の紐のようなものが混じっている。

「何か付いてるよ」

椋木さんはそう言って紐を引くと、紐は長く、襟首の背中からズルズルと出てくる。

これは、さっきレストランの天井から垂れていたあの無数の紐のうちの一つだ。

「何これやだ、気持ち悪い〜。早く取ってよ!」

おどけているのかマジで厭がっているのか分からない調子でトモが騒ぐ。

椋木さんは、ふざけているんだと思った。

半ば冗談で「あ、これお札だ」「何か書いてある」などと言いながら引き抜いてゆくと、
それが端から解れてゆく。

広げてみると、本当にお札のようなものを紙縒《こよ》って作ったものであった。

彼女は無言でそれを解いてゆく。

「……」

「……ちょっと、何黙ってんの」

「……」

「……ねえって！　急に黙らないでよ！」

片側の端から丁寧に広げてゆくと、幅三センチほどの紙だ。

中程まで広げると、そこには文字が書かれていた。

お札のような文字ではない。平仮名だ。


〈これを○ったひと、さいのめ〉


そこまでは読めた。○のところは崩れてよく読めない。

「ちょっと！」

トモさんが急に振り向いたため、紐が引っ張られてそこから先は千切れてしまった。

「取れたのっ⁉　もういいからっ！」

彼女は本気で怒っているようだった。

「ごめんごめん、あの」

これ以上怖がらせるのもどうかと思い、椋木さんは手にしたその紙切れを掌の中で小さく丸めた。

「トモはずっと機嫌悪くって気まずい思いしてたら、みんなが戻ってきて……」

彼らは暫く廃墟を探検し、何かを見たようだったが「ヤバいヤバい」を連呼しており、要領を得なかった。

暫くして。

すっかり廃ホテルのことなど忘れてしまった彼女だったが、トモさんだけはたまにふとコーヒーカップなどを見て「あのホテルのレストランにさ、これあったよね」などと言う。

トモさんの部屋に遊びに行くときなど、

「来るときシャンプー頼んでいい？　あのホテルにあった奴」

と頼まれた。

「いや、私達そんなん見てないんですよ。入ってすぐ出ちゃったし。コーヒーカップもそう。そんなのなかったと思うし、あったとしても割れてるか埃まみれかだし」

普段使っているシャンプーの銘柄を思い出したが、その辺のコンビニで売っているようなものではなかった。

「変なこと言うなぁと思ったんですけど」

部屋に入ると様子が違った。

トモさんの服装こそいつも通りだったが、部屋の感じが前と違っていた。

拘《こだわ》っていた小物にも地味なものが目立つし、煙草もおっさんが吸うような銘柄になっていた。

それまで自炊などしていないのに台所が汚れていた。

何よりどんよりと暗い。

思わず照明のリモコンを最大にしたが、信じられないことにそれで最大なのだ。

「全体的にこう、貧乏臭くなってるっていうか」

かといっていきなり「仕事うまくいってないの？」とも訊きにくい。

貯金するようにしたのかもしれない。

それにしても化粧品まで安物にするのはどうなのか。

「仕事変えたんだ」

「えっ、そうなんだ。言ってなかったじゃん」

トモさんのほうから言い出した。

「何処に行ってるの？」

「新宿のキャバ」

訊けばホステスを辞めてキャバ嬢になったらしい。

水商売には疎い椋木さんだったが、珍しいキャリアのように思った。

仕事上、お客とトラブルになったらしい。そっちのほうはありそうだと思えた。

「トモ自炊できない子でしょ。キッチンくらい片付けたほうがいいよ」

そう言って、椋木さんはキッチンに立った。

流し台を見て目を見張る。

そこには、恐らくニンジンやら大根だったろうものが、小さく賽の目切りになって、ただ山ほど捨てられていた。

「失敗したの」

背後から声を掛けられて、椋木さんは飛び上がった。

「ちょっと。いるなら声掛けてよ。これ何。何作ろうとしてこんなになったの」

「だから、失敗したの。うまく切れない」

要領を得ない。

「あのさ。何作ろうとしたのか知らないけど、こんなに材料無駄にして」

「いいの。お金あるし」

会話がずれている。

不気味に思った椋木さんは、居心地の悪い思いをしつつその日を過ごした。


それから間もなく、トモさんは逮捕された。

共通の友人から聞かされて椋木さんは驚いた。

傷害である。

殺人未遂になるかもしれないと言われた。

ただ被害者が言われたような重症ではなかったためか、傷害のまま示談となったようだ。

刑事事件でも示談によって、不起訴となることはある。

郷里に帰ることになった彼女のため、友人らは引っ越しを手伝うことにした。

部屋は相変わらずどんよりと暗く、荒んでいた。

ゴミ袋には切り刻まれた野菜が詰め込まれていた。

がっくりと肩を落とした両親にも挨拶した。

トモさんは浮いていた。

テーブルのところで、ファンデーションに使うパフを、鋏で切り刻んでいる。

賽の目切りだった。

「そう気を落とさないで。悪い男だったんでしょ」

「そうでもないよ」

慰めようとしたのだが。

「いや、その、悪くなくとも、お金せびられたとか」

「そんな訳ないじゃん」

「……」

「いい人だったよ。でも二度と会わないって。近寄らないでくれってビビっちゃってさ。ばっかみたい」

椋木さんは言葉もない。

「朋美、よさないか」

横から父が止めに入った。

どうやら弁護士とも相談の上、他言無用となっていることらしい。

椋木さんは母親に連れ出されてしまったので話の中身は分からない。

「でも、トモはやっぱり殺意はなかったみたいです。それだけは言ってました。ただ『隅っこのほうだけ、切ってみたかった』んだって」

朋美さんは郷里で専門の病院に入っているという。

対照的

村井さんの知り合い二人は、たちが悪い人間だったという。
見た目は真面目だが、影では悪事を平気で行うタイプだ。
学生から社会人になっても変わらない。
とはいえ、全てが中途半端で、一部の人間から馬鹿にされていた。
当然、それに不満であり、彼らはよく腹を立てた。
「俺達には怖いものなどない」
「そうだ。流行の動画配信者みたいに、非合法スレスレのことも普通にできる」
二人の目標は動画配信者になり、〈バズって〉大金持ちになることのようだ。
何度か動画を作ったと聞いたが、公開はしていない。
最後の部分で踏ん切りの付かない小心者であった。
一緒に行動してもつまらない類の人間なので、村井さんは距離を置いた。
が、友人の関係で、何人か集まる場にはよくこの二人がいる。
完全に付き合いを断つのは難しかった。

数年前、仲間内で開かれた新年会にも、彼らはやってきた。

チェーンの居酒屋だったが、村井さんは二人の席から一番遠い席に着く。だが、乾杯の前に移動があり、目の前に座られた。

少し酒が入ったとき、スマートフォンを取り出し、自慢げに再生を始める。

「やってみた動画」だと説明されたが、最初のタイトルからして不穏な空気が流れた。

〈歩道橋の上からトラックの荷台に万引きした品物を投げ入れてみた〉

何処かの店舗内で小さなぬいぐるみを盗むシーンから始まり、歩道橋へカットが変わる。そしてトラックに投げ入れるところで終わる。

〈美人な店員さんの自宅特定をやってみた〉

何処かの携帯ショップの外から始まる。場面が変わり、誰かの後ろ姿になった。女性だ。延々とつけ回すシーンが続く。途中、女性が振り返る。気付かれている。逃げられた後、一度暗転し、アパートの部屋のドアが映る。ここが○○ちゃんの部屋、とテロップが出て、そこにゴム手袋をした男の手が入ってくる。何かから取り出した、どろっとした液体をノブに擦りつけて終了。

〈季節外れのサンタさんをやってみた〉

値札の付いたジャンク品の特撮玩具を、一軒家やアパート低層階の窓に向けて投げつけている。ガラスが割れた家もあった。

どれも迷惑行為であり、犯罪だ。

動画を面白がって見ているのは当の二人の他、三人くらいで、他は引いている。

途中、もう見ないから止めろと誰かが言った。

しかし彼らは食い下がる。

「あと三つだけ見て！」

そこまで見たら、もう大丈夫だからと勝手に画面をタップした。

席を外そうとする人たちに大声を出して引き留める。

周りの迷惑を考えて、村井さん達は我慢して動画を見た。

〈先祖の墓に野糞をやってみた〉

モザイクが掛かっていたが、確かに墓前で大便をひり出している。

汚れたティッシュを放置して、エンドマークが出た。

〈遺影に小便と大便をトッピングしてみた〉

真っ昼間の空き地に、誰の物か分からない遺影が幾つか置かれている。そこへ直接小便して暗転。次に大便をしている。そこで映像が途切れた。

〈近所の家から宝物を頂いてきて、どっかへ埋めてみた〉

暗い中、懐中電灯で照らされた小さな祠。

何処かの家の庭だが、草が生い茂っている。もう誰も住んでいそうにない。

その祠の内部にあった陶器製の神像と石、小さな鏡のような物を取り出す。

コンビニのレジ袋に入れたところで場面が変わった。

よく分からない場所で土を掘り、レジ袋を埋める。

最後、その上に大便をして終わった。


（こいつら……）

最後まで見せられたことに腹が立つ。

こちらの気持ちを知って知らずか、彼らは宣言した。

「近々、ネットにアップします！　人気が出たらトークショーとかライブをやるので来て下さい！　ずっと口だけだった俺達の本気を見てほしい！」

村井さんは数名の友人と抜け出し、他で呑み直した。

「アイツら、犯罪者だよなぁ」

「うん。でも、動画アップするなら捕まるだろうから。俺らは静観しよう」

放置が一番だと見なかったことにした。


ところが、ひと月も立たない頃、件の二人の内、一人が死んだ。

職場である小さな工場の中で、転落死していたらしい。

場内のキャットウォークからの落下だろうと言うことだったが、何故か休日で誰もいないときの出来事だった。

死んだ彼は自分の職場のセキュリティ解除手順を知っていたから、無断で忍び込んだのだという話なのだが、一体何が目的だったのか分からない。

動画に出ている側だったので、公開はお蔵入りとなった、と聞いた。

残りの一人もその後、不幸に見舞われている。

最初は手足の先端が痺れると知り合い全員に訴えていた。

それから間もなくして、左手の指を数本失った。

車に乗ろうとしたとき、強風で強く閉まったドアに挟んでしまったようだ。

次に、右足の指も切断となった。家にあった出刃包丁を誤って落としたことが原因だ。片手があんな状態なのに、何故包丁を使おうと思ったのかは聞いていない。

そして、数カ月後には転んで右肘を折り、手術。後遺症が残った。

どれも仕事中ではないプライベートだったことで労災は下りない。

加えて、保険の契約もしていなかったので、金銭的にかなり苦しいことになった。

それでも怪我は続く。

左肩脱臼が何故か骨折に悪化し、神経系統の麻痺。

肋骨を折り、治ったものの寒くなると酷く傷む。

右大腿骨の骨折で手術。

右眼球に石がぶつかり、失明。

これらは何年かに亘る出来事だ。

仕事は辞めているが、何故か金銭的に〈ぎりぎりで生きられる〉程度の収入がある。

それから月日が経ち令和となった今、今度は内臓に問題が見つかった。

村井さんとその友人の間でこんな話が出ている。

〈アイツら、罰が当たったんだ。一人は死んで、もう一人は真綿で首を絞めるように、延々

と苦しめられている〉

　確かにそうだと彼は思った。

　残された一人は、死なない程度の、でも一生向き合わなくてはならない怪我だけを負っている。そして遂に内臓の病気にもなった。

　それでも生きている。

　否。何かに生かされ続けて、長く苦しめられている。

　もし罰なら、どうしてそんなことになったのかと彼は友人達に意見を求めた。

「そりゃ、だってさ。そいつが全部考えて、指示をして撮影した訳だろ？　全ての元凶なんだから、一番の罰を受けるのは当然だろ？」

椀

「うーん。何処から話したら良いものか……」

しっかりと腕を組みながら、彼は長いこと考えていた。

歳は五十代前半で、所々に白いものが混じった頭髪を時折掻き毟《むし》っている。

「やっぱり、引っ越す前から話したほうが良いですね」

そして数回咳き込んだ後、彼は語り始めた。

話は今から十数年前に遡る。
橋田さんは東北地方の片田舎で、妻と娘、そして高齢の母親と一緒に暮らしていた。
父親は橋田さんが物心付く前に病死しており、女手一つで彼を育て上げたのである。
若い頃は相当苦労したとのことであったが、橋田さんの母親は可愛い孫にも恵まれて、
悠々自適な生活を送っていた。
「相当、信心深かったんですよ。ウチの母ちゃんは」
彼らの住む借家には、そこそこ立派な仏壇が設置されていた。

一階の四畳半に足を踏み入れると、そこには黒檀《こくたん》製の立派な唐木仏壇が黒光りしていたのである。

いつも開かれていた障子扉には、新鮮な果物と水、そして御飯が日々欠かさずお供えされていた。

「毎朝早起きして、ね。お供え物とお線香、そして拝礼だけは欠かさずしてましたね」

そしてそんな母親の姿から何かを感じ取っていたのか、やがて橋田さんのみならず、妻や娘も毎日朝晩には拝礼するようになっていった。

そしてある晩のこと。

橋田さんのお母さんは夕食後に気分が悪くなってしまった。

病院に行こうと心配する家族を制しながら、「寝れば治る」の一言を残して、彼女はそのまま往生を遂げたのである。

「まあ、歳も歳でしたから。その覚悟はしてたんですけど……」

母親が亡くなってから彼自身も相当に打ちのめされたようで、生活から笑みが消えていた。

そして、心配した妻と娘からの助言もあって、彼ら一家は中古の一軒家へ引っ越すことにした。

「正直、住んでいた家も相当ガタが来てましたし。あとは、あの家にいると気分の落ち込みが止まらなくなってしまうんで」

当初は途轍もなく大変だと予想していた引っ越しも、専門業者の助けを借りられたので大分楽に済ませることができた。

また、大家さんの意向により、古くなった洗濯機や冷蔵庫、そして大きすぎて新居には持って行くことができない仏壇はこのまま残して良いことになったのも幸運であった。

「正直、母ちゃんの大事にしていた仏壇だけは持って行きたかったですけど。これも仕方がないんで」

新居には小振りな仏壇を購入して備え付けることにしたのである。

勿論そこには、彼の母親が愛用していた仏膳椀を使うつもりであった。

ところが引っ越しの当日、そのお椀がどうしても見当たらない。

色は一般的な黒内朱色で、縁側のみ金色に塗ってある、対のお椀である。

食器類に混じってしまったかと思ったが、どうしても見つからない。

家族の誰に訊いても埒が明かなかったし、何処かに紛れてしまったとも考えられない。

引っ越しのどさくさで何者かが失敬したのかもしれなかったが、他の金目の物には目もくれずにあのお椀だけ盗むとは到底思えなかった。

橋田さんは亡くなった母親に対して申し訳なく思いながらも、やむなく諦めることにした。

新居での生活は、家族の協力もあってすぐに慣れることができたが、荷解きを全て行っても、例のお椀だけは姿を現さなかった。

そして今までよりもかなり小振りな仏壇を設置した日の晩。

風呂から上がった橋田さんは、備え付けたばかりの仏壇の前に、一対のお椀が置かれていることに気が付いた。

慌てて手に取ってみると、それは間違いなく母親が大事にしていたお椀であった。

子供の頃に彼が悪戯で傷を付けた部分もあったし、何処からどう見ても間違いなかった。

「当然、疑いますよね」

彼は妻と娘をその場へ呼びつけると、少し強めに問い質した。

しかし、二人とも何も知らないと言い放った。

目の前の二人の口調とその真剣な眼差しからは、嘘の気配は微塵《みじん》も感じられなかった。

「ええ。勿論、納得しましたよ。いいじゃないですか、見つかったんだから」

疑問が霧散したとは言えなかったが、世の中には不思議なこともあるものだと思うほかなかった。

その日から、彼の家ではおかしな物音がすることが多くなってしまった。

「最初はね、家鳴りかと思っていたんですが……」

どう考えても、その類の音ではない。

明らかに、家の中を誰かが歩き回るような足音と、ぼそぼそとした話し声のようにしか聞こえようがない。

最初は妻も娘もかなり怖がっていたが、慣れとは恐ろしいものである。彼女達も次第にその音を気にしなくなっていったのである。

「まあ、別に被害もなかったですから」

橋田さん自身も気にしなくなるまで、それほど時間が掛からなかった。

ところが今度は、別件で橋田さん一家が暗く静まりかえることになってしまった。

会社で受けることになっていた健康診断で、とんでもないものが見つかったのである。

橋田さんの胸部レントゲン写真には、右の肺の辺りに大きな黒々とした影が映り込んでいたのだ。

目の前が真っ暗になったが、彼はすぐさま有休を取って再検査に向かうことにした。

検査の当日。涙目になっている妻子とともに、悲痛な面持ちで仏壇に向かって手を合わせていたときのことである。

突然、何かが傾くようなガタッという音が部屋の中に響き渡った。

音のした方向へ素早く視線を移す。そこには壁の上部に飾られた母親の遺影がある。

しかし、何故かその写真は斜めにずれており、今にも落ちそうにぶらぶらと揺れていた。

橋田さんと妻子は互いに目を見ながら、信じられないような表情をしていた。

そのときである。

今度は仏壇のほうから、ピシッといった微かな音が聞こえてきた。

まるで何かが欠けるような微細な音であったが、どことなく不吉なものに思えたのかもしれない。

慌てて取り繕ったような妻の催促によって部屋から出されると、そのまま病院へ向かうことにした。

「あれっ？　おっかしいな」

神妙な面持ちで耳を傾けている橋田さんに向かって、彼よりも二回りは若い医者が盛んに首を傾げている。

「うーん。何かの間違いだったんでしょう。写真には何も写っていないですね」

小躍りするように帰宅した彼は、上機嫌になって母の遺影に手を合わせていた。

心の中で何度も何度も礼を述べていると、今朝の物音が気になりだした。

まるで愛車の傷でも確認するように、仏壇の内部を点検し始める。

暫くして、彼は割れたお椀を発見したのであった。

いつの間にか家の中にあった、対のお椀。その片方に、縁の部分から底に掛けて、まるで袈裟《けさ》斬りでもされたかのようにざっくりと罅《ひび》が入っていた。

この状態では最早使いものにはならない。

仕方なく彼は、割れたお椀を新聞紙に包んで、押し入れの中へと仕舞うことにした。


その日からおおよそ一週間後のこと。

橋田さんの妻が茶の間の拭き掃除をしていると、何かが割れるような乾いた音が何処からともなく聞こえてきた。

「恐らく、想像が付いていたんでしょうね。迷わず向かったそうですから」

彼女は仏間に駆け入って、仏壇内部へと目を遣った。

するとそこには、無事だったほうのお椀が痛々しい姿をさらけ出していたのである。

そのお椀は、ものの見事に真っ二つに割れていた。

――ジリリリリリリン！

身体がビクッと反応した。

居間で鳴っている電話の呼び出し音であった。

ここまで来ると、もう厭な予感しか感じられない。

震える手で掴み取った受話器からは、知らない中年男性の声が聞こえてきた。

「橋田さんのお宅ですか？　実は……」

電話の主は警察官である。遊びに行っているはずの娘が、交通事故に遭ったという。

案の定、不幸の知らせであった。

急いで病院に駆けつけると、娘は病室でぐっすりと眠っていた。

「ほんとに運がいいですよ。よく助かったと思います。かすり傷一つで。これを見て下さい」

警察官が取り出した一枚の写真、そこには原型を留めていない彼女の自転車が、アスファルトの上に無残にも転がっていた。

それを見た瞬間、漸く訪れた安堵からか彼女は足下から崩れ落ちて、床へとしゃがみ込んでしまった。

「お義母さんが守ってくれたに違いない。うん、絶対に」

そう話す妻に向かって、彼もうんうんと頷いた。

亡くなってからずっと今まで、三人のことを見守っていてくれているに違いない。

娘を守るようにして真っ二つになったお椀は、もう片方と一緒に押し入れの奥へと仕舞われた。

そして、言葉にできない感謝の気持ちを携えながら、彼らは仏壇と遺影に向かって粛々と手を合わせる日々が続くことになった。

それからも、様々な不幸が彼らの元に舞い降りた。しかし、そのいずれも大事にはならなかった。

その度に、押し入れの奥から乾いた音が鳴り響いていたが、それをいちいち確認するようなこともしなかった。

恐らく、その度に欠けていっているのであろうお椀と、守ってくれている母親に対して彼らは感謝の気持ちを失わずにいた。

しかし同時に、ある疑念が彼の脳裏に湧いた。

それは、自分や家族は、果たして「守られている」のだろうか、と。

確かに寸でのところで被害は最小限に留まってはいるが、どうにも不幸の量が多すぎる。

本当に御加護があるのであれば、こういった不幸自体が訪れないのではないだろうか。

もし、このような状態が今後も続いていくのであれば、これは最早……。

だが、彼はすぐに、心の中で母親に謝罪した。

愚かな考えに違いないと判断して、彼の頭の中からこの件はすぐに消えてしまった。


「ここからは、今でも思い出したくないんですが……」

きっかけは、三軒隣で発生した火災であった。

煙草の火の不始末から昼頃に発生した炎は、乾いた空気と強風に煽られて、見る見るうちに隣家へと飛び火した。

荒れ狂う焔は、周囲の建物を次第に巻き込んでいく。

当然、橋田家にも火の手が迫るのは時間の問題であった。

そのとき、橋田さんは出勤していたが、妻と娘はインフルエンザに罹患しており、すぐに避難できるような状態ではなかった。

近所の知らせを受けて駆けつけた彼の見たもの、それは正しく異様な光景であった。

周囲を容赦なく渦巻いている火焔の中、彼の家のみが全くと言っていいほどその火を寄せ付けないでいたのである。

それでもまだ、予断の許さない状況であることには違いなかった。

しかし橋田さんは、消防隊員の目を掻い潜って家の中へと飛び込んでいった。

妻と娘は高熱に冒されて真っ赤な顔をしながら、居間で抱き合っていた。

彼は妻子の元へと駆け寄ると、二人を避難させるべく必死で急《せ》き立てた。

そのときである。家中に響き渡るような、乾いた大きな音が鳴り響いた。

彼にとって、その音は僥倖《ぎょうこう》の音色にしか聞こえなかった。

これは恐らく、あのお椀が自らを犠牲にして家族を救ってくれる音に違いない。

橋田さんは自分達が助かることを半ば確信しながら、家族共々火中の自宅から無事に脱出することに成功したのである。

家族を救いたい一念から生まれたその無謀な行動は、消防隊員と警察官に散々絞られることとなった。

しかし、橋田家の外観には多少の煤が付着した程度で、周囲の被害から考えると到底信じることができない程に無傷であった。

鎮火してすぐに、橋田さんは仏壇のある部屋へと駆け寄ると、押し入れから割れた茶碗が仕舞ってある箱を取り出した。

そして飾ってあった母親の遺影を取り外すと、居間へと運んできた。

彼は床に頭を擦りつけながら、母親の遺影と対のお椀に向かって、感謝の気持ちを表現した。

「ありがとう！　母ちゃん、ありがとう！　母ちゃん！」

勿論彼のみならず、高熱に冒された二人も同様に礼をし続ける。

そのとき、である。

割れたお椀が仕舞ってある箱の中から、まるで煙のような朦朧《もうろう》としたものが現れた。

「……ねぇ、ねぇ。何、あれっ？」

それに気付いた娘の一言で、夫婦は現れ出たものに視線を向けた。

その気体はやがて形を変えていき、いつしか人形《ひとがた》へと変貌を遂げたのである。

何処からどう見ても人間にしか見えないそれは、自らが発生した箱へと向かって一礼すると、扉に向かってゆっくりと歩み始めた。

そしてそのまま、現れ出たときと同様に、文字通り霧散してしまった。

「お義母さん、出てきてくれたのね。本当に、ありがとうございました」

高熱に魘《うな》されているらしく、何処となく覚束《おぼつか》ない口調で頭を垂れながら、妻が言った。

「私、よく見えなかったけど……あれ祖母ちゃんだよね？」

眩《まぶ》しそうに目を細めた娘に向かって、橋田さんは言った。

今まで味わったことのないような、身体の奥底から濁流のように押し寄せる悪寒に震えながら、頭《かぶり》を何度も振りながら。

「……あれ、祖母ちゃんじゃかった。全然知らない、男の人」

「一体あれは、誰だったんでしょうね」

橋田さんは今でも、家族を助けてくれたのは自分の母親だと思ってはいる。

思ってはいるものの、今では自分でも自信が持てなくなっていた。

そして、現れたあの中年男性は一体誰だったのであろうかと、今以て不思議で仕方がないのである。

責任

あるとき、雑談の中で二岡さんがぽつりと漏らした。

「うちの近所に前田って家があってね。そこの話なんだけれど」

二十年ほど前、二岡さんが高校の頃だった。

成績優秀。部活動で副部長を務めていた彼は、近所での評判は上々だったという。

三軒隣の前田家の息子は同じ歳で、中学まで同じ学校だった。

が、中学二年のときに〈グレて〉しまった。

だからだろうか。前田家の母親は会う度に二岡さんを褒めてくれた。

「二岡君は本当によか子よ。それに比べてウチん息子ッたい。あれは別れた旦那にそっくりよ。いつか人様ば、顔向けできんこつ、起こすったい！」

この言葉の通り、前田家の息子は高校を中退。後に反社会的組織に身を置いた、らしい。

当時、二岡さんは県外の大学へ進学していたので、詳細はよく分からない。

ただ、年末年始に実家へ戻ったときに、前田家の息子を目にした。

たまたますれ違っただけだが、彼は確かにそういう空気を纏って歩いていた。

それから年月が経った。

二岡さんは所帯を持ち、娘と息子をもうけた。

たまに実家へ戻り、孫の顔を見せるのが親孝行であったが、あるとき、母親からこんな話を聞いた。

「前田さんとこね、息子さん、戻っとるってよ。足を洗って、お店してるって、聞いたったい」

それはよいことだと返せば、母親は眉を顰《ひそ》める。

「前田さん当人がねぇ、息子さんを赦しとらんばってん。よく言い争っとるけど、ここまで聞こえるったい。例えば、こげなこつば言うとよ。〈幾らアンタが足ば洗った、真面目に店ばしとぉって、言うたところで、これまでしてきたことの償いにはならんたい！〉って。確かにそうだとお母さんも思うとよ」

しかしそれでも……と二岡さんは息子側の立場でフォローした。

母親は首を振る。

「前田さんとこの息子さん〈俺は元ヤクザったい。でも足ば洗って、立派な経営者としてこの街に貢献しとったい!〉って自慢げに、よー、話しとったい」

ありゃ、形ばかりの反省よ。本心からやったら、自分はヤクザやったけど、って言葉、ようよう出てこんたい、と呆れた口調で母親は首を振った。

更に訊けば、前田の息子は地元の有力者などとの付き合いも引き合いに出し、如何に自分が凄い男かを吹聴して回っているようだ。

「だから、私は前田さんのほうの気持ちが、よう分かるったい」

こうまで言われると、もう何も言えなかった。

ただ、ふと彼は思った。

(そういう世界に入って、はい、そうですかと辞めさせてもらえるものなのかな?)

映画やドラマ、漫画のイメージだと、足を洗うのは難しい印象がある。

簡単に辞められるのは期待されていない者か、間が抜けて使えない者辺りだったような描写もあったような気がする。

だとしたら、前田の息子は——あっちの世界のことはよく分からないので、そこで考えるのを止めた。

ところが数年前だ。

前田家の母親が亡くなったと母親から電話があった。

自死であったという。その死の前日、また息子と言い争う声が近所に鳴り響いていた。

「アンタんようなクズは生きとったらいかん！　うちが道連れに死んでやる！」

物が割れる音や言い争いの声がどれくらい続いていたか。

明け方近く、漸く静かになる。

それから少し経った後、息子の車が出ていく音を聞いた。

その翌日、前田の母親が家の中で首を吊っているのが見つかった。

発見者は隣の市の人間で、前田家の母親と付き合っていた三十代の男性だ。

連絡が取れないので家まで訪ね、合い鍵で入ったときに発見したと聞く。

当初はこの男性が疑われたが、結果、自殺であると警察は判断。あの息子が喪主をして葬儀を出した。

ところがこの葬儀の途中、おかしなことが連続して起こった。

献花台の花が物理法則を無視したような動きで落ちる。

締め切った葬儀場の中に強い風が吹く。空調ではないことは確かだった。

読経する僧侶の声が途中で出なくなって、中途半端に終わった。

息子の挨拶のとき、マイクがひとりでに切れる。何度直しても同じことが起こるので、仕方なく肉声で行ったが、今度は声そのものが出なくなった。僧侶のときと同じだった。

火葬場へ行く前に息子の喉は戻ったが、今度は何もないところで転んで足を捻った。

更に、火葬場に着いたとき、息子の両目が真っ赤に充血し、開けていられない状態に陥る。仕方なく瞼を閉じていると、ものの数分で治った。

お骨を拾う段になったとき、息子の指が固まったように動かなくなり、箸が持てない。結果、息子以外の人間でお骨上げを済ませた。

数々の異変に、参列者は皆、前田家の母親が如何に息子を憎んでいるか思い知ったのだ。

中には「息子の後ろから鬼のような怒りの顔で睨み付ける母親」の姿を目撃した人間もいたようだ。一人ではなく、複数人だったので見間違いではない。

『凄い話ったい。本当に、死んでもあの息子が憎らしったいね』

母親は電話の向こうで嘆息した。


しかし、前田家の母親が亡くなって一年が過ぎた頃だった。

前田家の息子も自死をした、と二岡さんに母親から電話が掛かってきた。

『自分の店の中で、首を吊ったったい』

母親は、近所の友人から聞いたと声を潜める。

息子は身体の何箇所かを自分で薄く切り、血塗れ。

更に下半身は糞尿まみれで、あまり綺麗な状態ではなかった。

『それでねぇ、店の壁に、包丁か何かでデカデカと遺書を彫っとったって』

母ちゃん　許して
万死　死して　つぐなう

『——みたいな内容やったけんが、漢字が所々間違えよったらしい』

そんな詳しく知っているのは何故かと訊けば、母親は写真を送ると電話を切った。

数分後、一通のメールと添付された画像が届く。

開いてみると、紙にボールペンで書かれた文字の写真だ。

〈母ちゃん　許して　万死　死して　つぐなう〉と書かれているが、「許」と「万」が間違っている。突き抜けてはいけない部分が突き抜けているパターンだった。

また、母親から電話が掛かってきた。

『これね、私の友達の旦那さんが現場で書き写してきた奴よ』

どういったときにそんなことができたのかは分からないようだ。

あまり愉快な内容ではないので、話をそこで打ち切り、画像も消した。

令和に入った今、前田家があった場所は更地になっている。

代わりに、ではないが、息子が経営していた店舗はまだ残ったままだ。居抜きで何度か飲食店が入ったが、すぐに潰れるか、借り主が出ていく。

〈中年男と、初老の女が出てきて、商売にならない〉

こんな噂も聞かれるが、真実かどうかは分からない。

ただ〈貸店舗〉の看板は、店舗の前にいつまでも立てられている。

あんたらも

昭和の時代、誰からも好かれている老女が惜しまれつつ亡くなった。
「あんな善人が」と周囲の皆が、悲嘆の涙を流した。
だが、葬儀が終わって数カ月が過ぎたときだ。この老女が化けて出た。
夜中、息子の家の前で、生きているときには見せなかった浅ましい顔を浮かべ、叫ぶ。
〈あんたらも《あんた達も》　じごくん《地獄へ》　おちっとよー《落ちるのだ》〉
近所の人間は見た。その酷い有様を。そして怯えた。我らも地獄に落ちるのか、と。
幸いなことに目撃した者には何もなかった。
が、それから間もなく、老女の息子の嫁が男に殺された。
残された息子は、血の繋がらない我が子と無理心中し、この世を去ったと言う。
それ以降、老女は二度と出ることがなくなった。
あんたらも、ということはあの善人だった老女もまた、地獄にいるのだろうか。
息子の家は平成まであったが、令和に入ったとき、取り壊された。

提灯

蜂須賀さんには忘れ難い記憶がある。

二十年前、彼女がまだ小学生だったときのことだ。

母方の祖母に右手を引かれ、夜道を歩いている。

もう小学五年生なのだから、手を引っ張らなくても大丈夫だよ、一人で歩けるよ、と言った。しかし祖母はずっと手を握っている。

途中で諦めて、やりたいようにやらせた。

空を見上げてみれば、曇っているのか星一つない。

周りは田舎の田圃道で灯りがないのに、どうしたことか普通に足下が見える。

そのとき気が付いた。祖母の右手に提灯が握られていることに。

よくある丸形の提灯だが、家紋らしきものが入れられていた。

見覚えのない紋は、複雑なデザインだった。

蝋燭《ろうそく》のせいか、提灯の光量が時折揺らぐ。その度に足下が見え辛くなる。

懐中電灯でいいのにと文句を言えば、祖母は笑った。

〈提灯だからいいんよ。祖母ちゃんはそう思うんよ〉

笑い声を立てる祖母は、レモン色のカーディガンに焦げ茶のスカートだ。普通の洋服だから余計に提灯が似つかわしくない。

そんなことを考えながら、二人、他愛もない話をしながら延々歩いた。

足が痛くなりかけた頃、山の合間から〈ぬっ〉と月が顔を出す。

満月に近いせいで、一気に辺りが明るくなった。

ああ、曇っていたんじゃなかったね、と祖母に話しかける。

〈そうやね。曇っとらんかったわぁ。お月さん、出よったけぇ〉


――ここまでじゃぁ。


急に右手を強く引かれ、祖母の前を行かされる。

そして、背中に強い衝撃を感じた。

突き飛ばされたのだと分かった瞬間、強い光が目に射す。

ここで記憶は途切れた。

気が付くと知らない場所にいる。

明るいから夜が明けたのだろうか。いつの間に眠ったのか。いや、自分は何処にいるのか。全く分からない。

視線を巡らせれば、脇には憔悴《しょうすい》しきった両親の姿がある。

身体が痛い。呻き声を上げた。

父親が大声を上げ、母親が飛びついてくる。揺らす度に強い痛みが走り、思わず泣いてしまった。

自分の置かれた状況が分かったのは、その後のことだ。

彼女は夜、塾を終えた後、事故に遭っていた。

片側四車線の幹線道路を横断中、乗用車に引っかけられたのだ。

倒れ方がよくなかったのか、そのまま気絶し、病院に搬送された。

目が覚めたのは翌日の朝で、打ち身や擦り傷はあったが、他は無事だった。念のためにと撮られたCTなどの検査も異常なしであった。

思い出せば、確かにその日、塾に行っていた記憶はある。

でも、何故自分が幹線道路にいたのか。いつもなら母親が迎えに来るまで塾の入り口で待っている。あの時間、横断歩道もないあんなところを単独で歩かない。

相手の運転手の証言では〈一番左の車線を走っているとき、蜂須賀さんが突然ふらっと道路上に出てきて避けられなかった。それまで気が付かなかった。普通なら見通しの良い場所で、歩道に誰かいれば分かるのに。そのときは全く姿を確認できていなかった〉らしい。

どれも不自然なことだらけだ。

それに、あの提灯を持った祖母の記憶は何だったのだ。

いや、塾の記憶も残っている。ないのは、道路へ飛び出したことと、跳ねられた瞬間のことだけだ。

両親に疑問を話すと、少し口ごもった後、父親がこんなことを教えてくれた。

「事故に遭って、記憶がおかしくなったのだろう。記憶の混濁と言って、事故の衝撃で正常な状態じゃなくなったことが原因ではないか？」

納得がいく答えに、少しほっとしていると、母親がそれに、と続けた。

「お祖母ちゃんはもう亡くなっているんだから。ね？」

思い出した。父方、母方の祖母は既にこの世にいない。蜂須賀さんが生まれる前に二人とも死去している。

しかし、あの生々しい記憶は何なのだと混乱する。

「ほら、よくアルバムを見せていたから、頭の中で勝手なイメージを作ったんじゃないの？　それが事故のせいでおかしな記憶になった、とか」

アルバム。そうだ。そんなこともあった。

母親にもう一度、祖母の写真を見せてもらった。

が、再び驚くことになった。

そこにあった母方の祖母の姿は、提灯の記憶の祖母と全く違う。

服も、体型も何もかもが別人だ。

では父方かと調べてみても同じで、やはり異なっている。

提灯を持った祖母の顔を思い出そうとした。しかし欠片も出てこない。

笑っていた口元を見た覚えはあるのだが、それから上がぼんやりとしている。

「大丈夫だよ。事故のせいだから、それは」

両親が優しくフォローしてくれる。

おかげで落ち着いたが、気になることはまだ残っていた。

自分が何故一人で幹線道路へ飛び出したのか、という部分だ。

これに関しては、理由も何も分からずじまいだった。

事故から半年以上が過ぎた頃だったと思う。

寒くなってきた時期のある夜、父親に誘われてマンションのベランダへ出た。

どんな理由だったか覚えていない。

地上十五階で見晴らしが良かったから、何かを見ようという話だったと思う。

「あれ？　何だ、珍しいな。ほら、駐車場のところ」

父親が眼下を指さした。

街灯もない暗い場所に、提灯を持った人が一人立っている。

レモン色のカーディガンを着ていた。

手にある提灯には、複雑なデザインの家紋がある。

思わず声を上げた。

（あの、お婆さんだ）

下から提灯の明かりに照らされているせいか、顔の下半分しか見えない。上は真っ黒な影になっている。

その口元が歪んだ。笑っていた。

息が止まりそうになる。父親へ助けを求めようとしたときだった。

背中に強い力を感じた。

父親に押されている。左手だけだが強い力だ。必死に抵抗してもじりじりとベランダの手摺り側へ追い込まれていく。

このままだと落とされてしまう。

お父さん、止めて！　と大声を上げた。

母親が飛んでくる。と、同時に父親の手が緩んだ。

半分泣きながら母親にしがみつき、今し方あったことを捲し立てる。

「え？　そんなことしてないぞ……？」

父親は背中を押していないと言う。ただ、地上に立っていた提灯を持った人に関してだけ、記憶にあるらしい。レモン色のカーディガンで、複雑な家紋が入った提灯を持った人だった、と同じものを見ていた。

家族三人で、下を覗き込んだ。

既に誰もいなくなっており、提灯の光すらなくなっている。

そのとき、母親が訊いた。

「ねぇ、こんな高いところから、そんなに細かいところまで見える？」

確かにそうだ。距離がある。提灯の明かりがあったとしても、色や家紋、口元が笑った、など確認できる訳がない。

「あの人、事故のときの記憶の人だよ、きっと。あんな感じだったたもん……」

蜂須賀さんの言葉に、両親はただただ無言だった。


それから幸いなことに、提灯の人とは会っていない。

蜂須賀さんはある仮説を立てている。

〈あの提灯の人物は、私を事故死させようとしている〉と。

最初は自動車事故。次は転落事故、か。

記憶だろうが、直に見ようが、提灯を持った人物が絡むと必ず危険な目に遭った。

だから、三度目があれば、同じような事態が引き起こされるのではないかと怯えている。

この先も、出会わないことを祈るほかない、と彼女は眉を顰めた。


――ところでその家紋とはどういった物なのだろう。

蜂須賀さんが大人になってからあの家紋を調べてみたが、該当する物はなかった。

〈外周が円で、中に逆さ十字のようなものが一つあり、その周辺に唐草や花のような模様が絡まっている〉

そんなデザインは見つからなかったのだ。

十字と言えば島津家だが、逆さ十字――聖ペテロ十字ではないから無関係だろう。家紋ではない可能性もあるが、未だその正体は分からない。

餡《あん》

久瀬さんのお祖母さんは餡炊きの名人だった。

近所の人が絶賛し、求めに来るほどであった。

その秘訣を身に付けようと、彼女はお祖母さんが餡を炊く度に手伝ったという。

材料は普通だったが、入れる調味料が少し違ったように思う。

ザラメ（白双糖）、赤ザラメ、白砂糖、水飴、塩を配合していた。

真似してみても同じ味にならない。コクも深みもないのだ。

「小さな鍋ではなく、大きな鍋で纏めて炊くから美味しい」

お祖母さんは至極当然のことを言うが、それでも悔しい。だから、餡炊きの手伝いを繰り返し、塩梅《あんばい》を体得しようと頑張った。


が、それは叶わぬこととなった。

お祖母さんが亡くなったからだ。

まだ七十半ばであった。

お祖母さんが亡くなったときのことを、久瀬さんはよく覚えている。
その前日も、二人で餡を炊いていた。
練り上がったあと、お祖母さんはちょっとだけ味見をし、顔を顰めた。
その目は餡のほうをじっと見つめている。
そして、一言、ぽつりと漏らした。

――だめだ。

餡を放置して、お祖母さんは自室へ引き籠もった。
まさかあの名人が失敗したのかと、久瀬さんも試す。
まず色味などを見たが、問題はない。
小豆特有の香りも、鼻腔を擽《くすぐ》る。強いて言えば、いつもより少し強めに感じた。
いよいよ匙《さじ》で掬い取り、十分に冷ました後、舌に乗せる。
目を剥いた。
ずっと繰り返しお祖母さんの餡を食べてきたが、ここまで美味しいものはなかったからだ。レベルが違う。通常の餡より、突出した仕上がりだ。
何故「だめだ」だったのだろう？
理由も分からず、餡を見つめるほかなかった。

翌日の朝、お祖母さんが起きてこないので、久瀬さんが呼びに行った。
（家族で一番早起きのはずなのに）
部屋の外から呼んでも答えがない。
仕方なく襖を開けると、布団の中にいる。
お祖母ちゃん、起きてと声を掛けても反応がない。
まさかと、口元に手を当てれば、呼吸が止まっていた。

お祖母さんの死因ははっきりしなかったが、少なくとも自殺ではないと判断された。
しかし、部屋の小さな机の上に一枚の便箋が残されていた。
『よばれたので　いきます』
――とだけ、書かれた便箋が。

久瀬さんは今も一人で餡を炊く。
お祖母さんの餡には今も及ばないまま。

Squirrel

園田さんの知り合いにビルというアメリカ人の男性がいた。

彼が三十五歳の頃、英会話サークル関連で知り合ったのだ。

当時、三十二歳。背が高く、細い。が、筋肉質であり、頑強な身体を持っていた。

そのビルを、秋の休日に〈とある宗派のお寺〉へ連れて行ったことがある。

それがきっかけか、彼はお寺に関する質問で園田さんを困らせた。

「ちゃんと答えてよ、ソノダさん」

「そう言ってもなぁ。俺も詳しくないし。そもそも、宗教を信じていない」

そこでビルが吹き出した。

「ボクもだよ」

彼は無神論者だった。考えてみれば、そういった話をするのは初めてだ。

信仰について議論を交わしていると、ふと、ビルが何かを思い出す。

「ボクは無神論者だけど、家族は信心深くてネ。それに不思議なことを信じているんだ」

そうなのかと聞き返すと、笑いながら頷く。

「うちの家族ネ、〈我が家で十二月生まれの男が三十三歳になると、Ｓｑｕｉｒｒｅｌが来て、魂を持って行く〉からな、って言うんだよ」

Ｓｑｕｉｒｒｅｌ——リスのことだ。

「彼らはリスって言うけど、違うんだよねぇ。聞いた話だと、変なコビトみたいだヨ？」

曰く、掌くらいの背丈をした黒く小さな人型のものらしい。

変な話だなぁと言えば、彼も同意する。

「でもボクが知るだけの間には、そんなコトはなかったしネ」

今、家族に十二月生まれで該当しそうな男性はいないのか訊ねると、彼は笑う。

「うちの家族で十二月生まれの男、ボクだけなのヨ。五十年くらいの間で、ボク一人だけ、って。でも、日本にいるからリスは来ないはずって、家族は安心しているのよネ」

三十四歳になるまで戻ってくるなって言われたんだと、ビルは苦笑いを浮かべた。

ところがその年の十一月、ビルはアメリカへ戻った。

家族の問題らしい。だが、その後ビルとは連絡が付かなくなった。

最後のメールは彼の誕生日の前日、十二月二十六日のものだった。

為《し》来《きた》り

「あんまり、家のことは話したくないんですが……」

そう言いながら、小島さんは声を潜めて語り始めた。

「恐らく、他にもいっぱいいいると思うのですが」

東北地方の農家の長男として生まれた彼は、六歳の誕生日を迎えるまで、女の子として育てられた。

名前も女児の名前のみを与えられて、成長するまで男子の名前は与えられない。

それは小島家にとっては当たり前のことであり、長子は皆、そうした経験を経て成人になるのであった。

こういったこと自体は特別珍しくもなく、各国に見受けられる風習でもあり、一種の魔除けとしての意味合いを持っている。

しかし小島家では、かなり独特なしきたりが存在する。

それは、その子供が六歳の誕生日を迎えたとき、それまで使っていた女児の名前で、彼女の存在を消す儀式を行うのである。

そのときが訪れると、小島家では大層な賑わいを見せる。

親戚中から人が集まってきて、まるで葬式を思わせるような、しめやかな儀式が執り行われる。

「そりゃ、複雑な気分ですよ。自分の名前を持った人物が、いきなり消されちゃうんですから」

彼が六歳になったその日も、大勢の親戚が家に集まっていた。

皆黒い喪服に身を包み、家の中には何とも言えない雰囲気が漂っていた。

小島さん自身も黒い服を着て、儀式に出席していた。

大きな広間の真ん中に、簡素な祭壇のようなものが設置され、その上に真っ白な壺が置かれていた。

集まった人達は、その周りを取り囲むように正座している。

小島さんは父の言いつけの通り、何言も発しないように注意しながら、俯き加減で壺へと歩み寄っていく。

辿り着くなり、事前に渡されていた髪の毛の束と、抜けた前歯のようなもの、更には根元から強引に抜かれたような幅広い爪を、壺の中へと投入した。

勿論、これらが本物かどうかも分からないし、例え本物だとしても誰の物かは知る由もない。

小島さんが席に戻ると、一番年長だと思われる親戚が壺の前へと歩み寄って、その場で擦ったマッチを壺の中へと落とした。

壺の中から黒煙と小さな火柱が立ちのぼり、瞬く間に硫黄の臭いが辺りに充満する。

壺の前では、点火した親戚がその場で正座をして、意味不明な言葉を唱えている。

この独特な雰囲気の中、強烈な尿意が突如、小島さんに襲いかかってきた。

隣で正座している父親に小声でその旨を伝えると、早く行ってこいとばかりに目配せをされた。

彼は早足になって、広間から抜け出そうとした。

すると火焔と黒煙が立ち昇る壺の辺りから滲み出るように、真っ赤な着物を着た女の子が突如現れ出てくるのが視界の隅に入ってきた。

驚いたが尿意から下腹部が痛み始めたため、廊下の向こうにある便所に飛び込んで、急いで用を足し始めた。

その最中、周りの空気が一気に冷え切っていった。

見る見るうちに、吐く息までもが白くなっていく。

そしていつの間にか、用を足している自分の隣に、あの女の子がひっそりと佇んでいた。

長い髪が腰まで伸びてやや伏し目がちなその面影は、鏡で見る自分の顔に何処となく似ている。

こんな状況であるにも拘わらず、膀胱《ぼうこう》にはまだまだ内容物が残っているらしく、空になる気配が一向に感じられない。

「……ねぇ」

か細い声が、彼に向かって掛けられる。

放尿時の無力感と恐怖心が混ざり合って、言葉を発することができない。

彼女の右手がゆっくりと持ち上がり、突然彼の頬に触れた。

痛みすら感じる程に冷たいその手は、ほんの一瞬だけ触れると、すぐに離れた。

その瞬間、彼の年齢では理解することができない程難しい言葉が、矢継ぎ早に掛けられたのである。

分からないながらに、何となく意味を感じ取ることができた。

「あれは間違いなく、呪いの言葉です」

その呪詛を呟いた途端、着物を着た女の子はすぅとそこから消え失せてしまった。

「後のことはあまり覚えていないですね」

気が付いたとき、彼は布団の中で母親と一緒に眠っていたのであった。

「あの子はね、いたんですよ。実際に生きていたんだと思いますよ」

六歳になるまでは間違いなく、と小島さんは小声で言った。

彼の頬には、今でも微細な痣が残っている。それは勿論、あのとき女の子に触れられた部分である。

あの呪詛が彼に向けられたものであったのならば、この程度で済むとは到底思われない。

小島さんはこの先、あの呪いが誰に向かって為されたものなのかどうか一切分からずに、生きていかなければならない。

そのときが来るまで。

梯子

今から十年ほど前、川邉さんは再婚を機に一戸建ての中古物件を購入した。

今まで住んでいたアパートよりも夫婦ともに勤務先まで少々遠くなってしまうが、それらは大した障害にはならなかった。

やはり自分達の家を持ちたい、といった気持ちがとにかく強かったのである。

後は勿論、費用の面も大きかった。

購入した物件は築数年にも拘わらず、とにかく破格の安さであった。

自分達の家まで持てて、更に月々の生活まで楽になってしまうのであるから、最早買わない理由はなかった。

但し、彼の再婚相手が気にするタイプだったので、この家に何らかの事故が発生していないかだけは徹底的に調べ上げた。

そこまで調査して、再婚相手の了承を経て、やっとのことで購入に至ったのである。

そして今までの約十年もの間、特におかしなことは起きていなかった。

「ですから、まさか今更あんなことが起きるとは……」

川邉さんは頭を抱えてしまった。


師走も半分を過ぎた、ある週末。

今年は珍しく大掃除でもしようかと思い立って、彼は軽い気持ちで片付けをしていた。

不必要な物だけでも、早めに捨てていけば、年末は楽になるはずである。

彼は古雑誌や賞味期限の切れた食品等を一箇所に集め始めた。

普段は気にも留めなかったが、こうして集めていくと、不必要な物が溢れていることに気が付いた。

そして、それらを処分することに軽い興奮を覚え始めたところ、妻の一言が彼の手を止めた。

「あれっ。それって、この家の?」

言っている言葉の意味が分からずに、彼は呆然としながら、手に持った紙をまじまじと見つめた。

「それ、間取り図でしょ。捨てないほうが良いんじゃないの?」

暫しの時を経て、漸く合点がいった。よく見ると確かに、図面のような何かが紙の裏から透けて見える。

この家の間取り図であることに、間違いはなかった。

興味がなくて今まで見たことはなかったが、わざわざ捨てるようなものでもないであろう。

そう思って、一応彼は図面を開いて見た。

そして興味なさそうにざっと見渡して、すぐさま閉じようとしたとき。

「ん？ ちょっと待って。見せてよ、それ」

何が気になったのか、強い口調で妻が言った。

川邉さんは持っている見取り図を妻に渡してからそれが少々気になり始めて、彼女と一緒に眺めることにした。

「ねえ、ここに階段なんてないわよね？」

そう言いながら指さす先には、西側にある六畳の和室がある。

確かにこの部屋には押し入れしか存在していなかった。この間取り図では押し入れの奥に階段が存在していることになる。

そうなると、気になるのは二階である。

「ああっ、ほら！ クローゼットの隣に部屋があるじゃない！」

二階には、西側に面した寝室の奥に大きめのウォークインクローゼットがあるのだが、その脇に小さな部屋がある——ということになる。

川邉さん夫婦はいても立ってもいられず、懐中電灯を携えて、一階の和室へと向かった。

押し入れの障子を開け放って、懐中電灯で照らしてみる。

すると、天井部分に何かが填《は》め込まれているらしく、金属製の錆びた取っ手が付いているではないか。

彼はその取っ手を右手で掴むと、勢いよく下へと向かって引いてみた。

湿気った木材同士がぶつかる低音を奏でながら、何かが下へ引き出された。

それは、何処からどう見ても、収納梯子であった。

「うわあ、ホントにあったのねぇ」

感心する妻に向かって、彼は言った。

「どれ。ちょっと見てくるよ」

弱々しい梯子が壊れないか心配ではあったが、厭な音を立てながらも何とか持ちこたえてくれた。

梯子を登った先には、確かに部屋があった。

いや、部屋というよりも空間といったほうがしっくりくるかもしれない。

何せ二畳程度の広さしかなく、物入れ程度にしか使用できないと思われたからであった。

しかし物入れの用途として使うには、アクセスが面倒臭すぎる。

一体、この空間は何なのであろうか。

そんなことを考えながら懐中電灯で照らしていると、この場に似つかわしくない物が無造作に転がっていた。

茶色い紙屑がくしゃくしゃに丸まって、三個ほどあったのだ。

川邉さんは何の気なしに、その一つを手に取って、ゆっくりと開いてみた。

何処かで見たことがあるような気がしてならなかったが、明かりを当てて確認してみたのである。

「わっ！」

その正体が分かると、彼は思わず悲鳴を上げてしまった。

そして汚い物にでも触れたかのように、触った右手を履いているジャージの側面に擦りつけた。

それは、油紙であった。

最近はあまり使用されないが、一昔前までは頻繁に使われていた。

怪我をした場合、傷口に当てたガーゼから体液等が漏れてくる。

それらで包帯が汚れることを防ぐために油紙を一枚乗せて、その上に包帯を巻いたのである。

この代物は既に使用されていた物らしく、傷を負った者の体液が浸潤したと思われ、明らかに変色していた。

川邉さんは厭な予感に襲われ、急いで梯子を降り始めた。

この小部屋には、もう二度と入りたくない。例え徹底的に掃除したとしても、入ってはいけない何かがあるような気がしてならない。

彼は身震いしながら階下へと降りた。

そして一言、強い口調で妻に言った。

「あれは駄目だ。あの部屋は使えない」


翌朝、川邉さんは寝汗でぐっしょりと濡れた寝間着と身体に気が付いた。

風邪でも引いたにしては体調は悪くなかったが、今はとにかく早くシャワーを浴びて着替えないと、気持ちが悪くて仕方がない。

彼が瞼を擦りながら掛け布団を撥ね除けたとき、物凄い悲鳴が寝室に響き渡った。

慌てて視線を向けると、既に起きていた妻がこちらを指さしながら、両目を見開いて立ち尽くしていた。

「あ、あ、ち、ち、血ぃぃぃぃぃぃっ！」

またしても絶叫が響き渡る。

顔を顰めながらすぐさま視線を落とすと、全身のみならず、布団の中まで朱色に染まっていることに気が付いた。胸の鼓動が早鐘のように打ち始め、その一つ一つが身体中に響いていく。

瞬時に総毛立った。

訳が分からずに呆然としていたとき、脇で妻の倒れる音が聞こえてきて、そこから先は無我夢中であまり覚えていない。

「今でも目を覚まさないんですよ」

彼の奥さんは昏倒して倒れた拍子に頭部を強くぶつけてしまって、今以て病院で昏睡状態となっている。

「自分はね、何処も怪我してなかったんですけどね」

全身血塗れになって起床したあのとき、彼自身は何処も怪我してはいなかったし、吐血の形跡もなかった。

それにも拘わらず、あんな状態になってしまい、それを見た彼の奥さんの身に異変が訪れてしまったのである。

とにかくあの日以来、あの空間のことは考えないようにしている。

勿論例の油紙もあのままであろう。

川邉さんは奥さんの意識が戻ったら、家を売りに出したいと考えている。

血の付いた寝間着と布団類から何かが分かるかもしれないと考え、その旨を伝えてみた。

「えっ？　ああ、それは……」

しかし、それらは一刻も早く処分すべきゴミとして、早々に廃棄してしまったという。

境界

「田舎じゃあよくあることなんだけどさ」

田舎どころか、都内でもたまに聞く話である。

境界問題だ。

隣接する土地同士で、少しずつこちらの土地を削り取ってくるトラブルである。

「田圃や畑にされちゃうとさぁ、作付面積が増えるでしょ。収穫は増えるけど税金は変わらず。こっちは余計に税金払わされてる訳で、腹立つよそれは」

長野さんの家の隣人が、正にそれをやってきたのだそうだ。

それも図々しく、素知らぬ顔でやってくる。

文句を言ってもシラを切るだけだったのだという。

「そんで、親父がブチ切れて。訴えてやるって言い出して」

かつて一度示談となったそうだが、それでも懲りずに境界を侵し続けた。

訴訟も辞さぬ勢いだ。

過去の測量結果があったため、比較的簡単に所有権と境界が決定し、決着したようだ。

今度という今度は隣人も大人しく従った。

「揉めたね。ああいうのはきっちりやんないとダメなんだよ。万引き癖とか、虚言癖みたいなもんだからって親父も言ってたけど」

隣人、とはいえ飽くまで隣家の畑があるだけだ。

実のところ隣家は畑の更に向こうで、普段顔も合わせることもあまりない。

清々したわ、と父上は満足していたようであったが――。

隣人の祖父が亡くなり、代変わりのあと、また境界侵犯が始まった。


「ありゃあ、もういよいよ病気だ。遺伝だ」


そう父上は憤慨したが、今度の境界侵犯は長野家とは反対側であったので、面と向かって文句をいうようなことはなかった。

ところが、反対側という場所は更に別の問題があった。

「禁足地っていうのかな。近隣じゃ、子供にも絶対に入っちゃならんっていうようなとこ」

かつて豪族の家があったと言われる場所であった。

調査も何度か行われている。

暫くして、隣家の当主の様子が目に見えておかしくなってきた。

夏でも厚着をするようになり、痩せているのに腹だけがでっぷりと飛び出しているのが、厚着の上からでも分かるようになっていた。

長野家は折り合いが悪くなっていたので意図的に避けていた訳だが、町で見かけることもある。

噂通りだと思った。

「異様に腹も出てるでしょ。顔色も悪い。なのにゲッソリ頬がコケて、『あ、こりゃいよいよダメだ』って」

風体だけではない。

「スーパーの魚売り場で滅茶苦茶怒鳴ってて、おかしいんじゃねえかって。魚選ぶ振りして近寄ってみたらさ、買った魚が腐ってるってクレームみたいなんだけど」

他の客が近寄り難い雰囲気になっていた。

隣人も酷く怒っているが、魚屋も黙っていない。

店員曰く、朝仕入れたばかりの鮎の塩焼きで、売れたばかりで昼前に腐る訳はない。

横目に盗み見た感じ、確かに腐っている崩れ方をしているように見えた。異臭もした。

焼き魚だ。例えば夏の車中に置き忘れたりしたら腐るかもしれないが、それでクレームを入れるのは筋違いだろう。

このところ隣家からのクレームはしょっちゅうで、とにかく魚が腐りやすいのだという。

「今日はさっき焼いた鮎だからこっちもああやって言ったけどよ、鮮魚のときは交換してるのよ。謝ってよ。こっちが馬鹿みてえだ」

店員は魚を捌きながら、「そんなわけあるかっつーの。どーなってるんだろうね？ちょっと前までそんなことなかったんだけどねー」と溜め息を吐く。

翌春頃、隣家の畑は段々と人の手が入らなくなり、荒れ放題になっていた。

こちら側はまだマシだったが、特にあの禁足地側の境界では雑草の背丈が伸び、無残なことになっている。

たったひと冬越しただけで、こんなになってしまうのかと思うほどだ。

隣家の住人は、どうやって暮らしているのか、もう外で見かけることがなくなっていた。

父上は思うところがあったのか「ちょっと行ってくる」と隣家に乗り込んでいった。

畑の苦情を申し入れるのかと思ったのだが、どうやら違ったようだ。

父はがっかりと肩を落として戻ってきた。

落胆した父が言うには、隣家はもぬけの空であったらしい。

「えげえ《すごく》鼠がおった」

その家は、もう鼠の家であったという。

猫と見間違えるような巨大な鼠がうじゃうじゃと暮らしており、人の住める状況ではなかった。

他はともかく鼠はダメだと父上は語る。

人間を齧《かじ》るからだ。

カレンダーは前年十二月のままだった。住人は、恐らく年明け前には夜逃げしたのだろう。

郵便受けは酷く溜まっている様子はなかった。騒ぎになることを気にした近隣の誰かが定期的に回収しているとみられる。

「親父も見かねたんだろうねぇ。どうかと思うけど、そのままじゃこっちにも雑草が侵犯してきそうだったから」

雑草がこっちへ来ると、長野さんの家まで禁足地に繋がってしまう――そこまでは父上も言わなかったが、心情ではそういうところがあったのだろう。

父上は畑の雑草刈りを始めた。

よその土地ではあるが――咎《とが》めるものはいなかった。

「草刈り機で刈っても刈っても追い付かない。伸びるの速えんだこれが。なんでか、除草剤も効かない。参っちまってよ」

父上は、雑草との戦いを諦めた。

代わりに、例の禁足地側に侵犯した境界を、丁寧に戻して再設定した。

あれだけあった雑草がスッと立ち枯れ、数週のうちにすっかり普通の荒れ地に戻ったのだという。

隣人は戻ることがなかった。

海と道と床と首

日本海側に住むと、常に気が滅入るのだと、唐湊川《とそがわ》一成《かずなり》君は言う。
彼が今の場所――日本海側に十八歳の頃から住みだして、十年が過ぎた。その間、ずっと結婚もせず一人暮らしだ。

これから始まるのは、一成君の家族の話である。
日本海側ではない、太平洋側に住んでいた頃の――。

海

唐湊川君が小学校四年生、父親が三十九歳の頃だった。
夜中、彼は父親に起こされた。
眠い目を擦りながら一体何かと訊ねたが、いいから着替えろと命じられる。

新年を迎えて二週間ほど過ぎた辺りだから、酷く寒い時期だ。

服を重ね着しながら、周りを見る。同じ部屋に寝ている兄の姿がない。先に起きたのかと父に問うが、取り付く島もない。

(お父さん、何だか機嫌が悪いのかな?)

いつも大らかで優しい父には珍しい面持ちだ。着替え終わったことを告げると、父が部屋を出ていく。何をどうすればいいのか戸惑いながら、その背中を追いかけた。

家中、明々と照明が灯されている。

父親が玄関で靴を履いた。自分も、と下を見て気が付いた。母親と兄がいつも履いている靴がない。

(ああ、二人は先に外にいるんだな)

父親がドアを開く。寒風が吹き込んできて、顔と耳が痛い。

玄関先へ出ると、空には満天の星が輝いていた。

「一成。車に乗れ」

カーポートに止められたセダンの鍵がリモコンで開けられる。

いつも兄と助手席の取り合いをしていた。だから後から出てきた自分は後部座席なのだろうと後ろのドアを開ける。

車内には誰もいなかった。兄と母親は何処だと探していると、父親が低い声を発した。

「探すな。乗れ」

黙って後ろの席へ座った。助手席だと、父親の真横になる。いつもならそこがよいのだが、今日はその視線が届かない場所がよかった。

おもむろに発進する。車内の時計は午前二時過ぎを示していた。

車は住宅街を抜け、夜道をひた走る。

気が付くといつしか海辺へやってきていた。

点々と街の灯りが遠くに揺れていたが、それも消えていく。

どれ程走ったか。車が横道へ入る。松らしき木々の間を進むと、小さな空き地があった。運転席の父親から、降りろと命じられる。

ドアを開けた途端、強く冷たい潮風に吹き飛ばされそうになった。

足下の砂が巻き上がり、バチバチと音を立ててジャンパーに当たる。

車のライトが消え、周囲が闇に染められた。何も見えない。

ドアの閉まる音がして、ポッと灯りが点いた。父親の持つ懐中電灯だった。

周囲は松林で覆われ、景色も空も分からない。

「来い」

言われるがままに後を付いていくと、一部に林の切れ間があり、踏み跡のような微かな道が浮かび上がっていた。

大股で歩く父親を必死に追いかける。置いていかれたら、真っ暗闇の中、一人にされると思ったからだ。

林を抜けた。完全な砂地になる。それでも父親は進む。

少しだけ盛り上がった砂の山を越えた途端、きつい潮の臭いが鼻を衝き、ドウドウと響く波の音が耳を打つ。

強い波が打ち寄せる砂浜だった。

だが、そこは夏になると家族で訪れていたような海水浴場ではない。

遊泳禁止区域の看板があった。

遙か遠くに灯台の光らしきものが明滅を繰り返している。

「これを持って、ずっとそこにいろ」

強い口調ではないのだが、父親の言葉には逆らえない圧があった。

彼は懐中電灯と車のキーレスキーを受け取り、身を固くする。

灯りを持たない父親は、迷うことなく波打ち際へ向かっていった。

背中を照らすが、こちらを振り向かない。

そして、打ち寄せる波の中へ、身を沈めていった。

「お父さん――!」

叫んでも波と風の音で打ち消される。

父親の頭が消えた。暗い海、もう何処にいるのかすら分からない。

お父さん、お父さん、お父さん、お父さん。

繰り返し呼んでも戻ってこなかった。

言いつけなど守らなくてよいと何度か車まで戻る。

警察へ電話を、と考えたが、携帯電話も公衆電話もなかった。

父親の姿を求め、車と砂浜を何度も往復する。

寒さで顔や手足の先が麻痺してくる頃、水平線の向こうから明るさが迫ってきた。

夜明けだ。

それでも父親の姿は何処にもなかった。

完全に夜が明けてから、車を施錠した。

両親が常に「車から離れるときは鍵を掛けること」と繰り返していたことを覚えていたからだ。時々キーのボタンを押させてもらっていたこともあり、方法は分かる。

（もし、僕がここを離れた後、お父さんが戻ってきて、鍵が掛かっていないと分かったら、がっかりするに違いない。鍵は掛けておかないと）

子供じみた思考だったと、今になったら思う。

鍵が掛かったことを確認し、松林を抜け、道路まで戻った。

たまたま朝のウォーキングをしていた人に助けを求める。

まず、その人の携帯で自宅の家電話へ連絡してもらった。

母親が出た。が、様子がおかしい。

『とにかく、迎えに行くから、場所を訊いて』

ウォーキングの人にこの辺りで待ち合わせに使える駅を訊ね、そこまで送ってもらった。

電話を代わったときに、母親は助けてくれた人へ〈警察への連絡はしないでよい〉と伝えたようだ。心配されたが、もう大丈夫です、と虚勢を張った。

迎えが到着したのは、昼過ぎ。来たのは母親の弟だった。

家に戻ったとき午後三時を過ぎていた。

リビングに入った途端、母親から告げられる。

「お父さんが、昨日の夜中、裏の物置で死んでいた」

夜中、トイレに行ったのだと思ったが戻ってこない。探しに行ったら、何処にも姿が見えなかった。玄関へ行くと、いつも履いている靴がない。

だったら外かと予想して、玄関から庭へ出た。

物置の扉が開いていたので中を覗くと、そこに首を括った父親を見つけてしまった。

午前一時過ぎだった。

兄と救急車を呼んだ後、混乱の中で車がないこと、そして次男の一成君がいないことに漸く気付いたという。

「お父さんがあんなことになって、そして一成もいなくなっていたから、もうどうしようもないくらい、パニックになった」

母親は父親より五つ下。二人は常に仲が良かった。父親の遺体を発見したとき、酷く取り乱しただろうことは、幼いながらも想像が付いた。

多分、三つ上の兄はその様子を目の当たりにしたはずだ。そのせいか、虚脱したようにリビングのソファに座っている。

ふっ、と昨日あったことを思い出した。

父親に起こされたとき、母と兄はいなかった。

車に乗せられたのが、午前二時辺り。

海へ連れて行かれ、父親が沈み、夜が明けるまでその場へ留まった。

しかし母の言い分だと、母と兄は家にいた。

父親が物置で発見されたのは、午前一時過ぎ。

知らない内にいなくなっていたのは、自分。

全ての辻褄《つじつま》が合わない。ただ、誰かに訴える状況でもない。

結局、父親の葬儀が終わるまで誰にも話さなかった。

後に母親と兄は静かに聞いてくれたが、何かを答えてくれることもまた、なかった。


父親の車は、自宅より遠く離れた遊泳禁止の浜辺で見つかった。

きちんと施錠されており、他人に荒らされてもいなかった。

何故か、後部座席から女性の下着が一揃い見つかった、と後に知る。

若い女性、それもかなり派手な生活をしているような人間が好むようなものだった、らしい。現物を見ている訳ではないから、それ以上は分からない。

父親の自殺は事件性がなかったが、一成君と車の件が問題となった。

彼の証言と、事実が一致しなかったからだ。

女性の下着の件もだが、誰かが車を盗み、一成君を誘拐したのだろうと結論づけられたが、犯人が逮捕されたとは彼が知る限り聞いたことがない。

だから、父親の死には大きな謎が残った。

道

一成君の兄は、誠二と言う。

兄が誠二で、弟が一成。少々おかしい気もする（とはいえ、これは仮名である。但し、〈二、一〉の漢字はそのまま使っているので、そこは本名だという前提で御了承頂きたい）。

小学校に入った後、自分の名前について調べてくる学校の宿題があったが、そのとき父親から聞かされたことがある。

「お前の一は、唯一無二、の一。お兄ちゃんの二は、二つとない、という意味から取った。どちらもこの世に一人しかいない、ということだ。だから精一杯頑張って、世のためになる、ただ一人の人間になれ。そして長生きをしろ」

当時、自分の名も、兄の名も、両方凄い意味があるのだと感動したことを覚えている。

だが、父親があんな形でこの世を去って以来、兄・誠二はふさぎ込むことが増えた。

そして学校と部活、塾が終わると自室に引き籠もる。土日は一歩も外に出ないまま過ごすようになった。こちらが何を言っても反応がない。前だったら兄に怒られていたようなことをしても、完全に無反応だ。その上、何か困ったことがあっても助けてくれない。

以前は快活で、行動的。時には喧嘩することもあったが、基本は思いやりのある優しい兄だったはずだ。それがまるで無気力な人間になってしまった。

それでも何故か、勉強だけは頑張っている。そこが分からなかった。


一成さんが中学に上がる前年の冬だった。

兄の誠二にとって、高校受験前の大事な時期だ。狙っていたのは難関の進学校だから、いつにも増してより一層勉学に励む姿を見せる。

兄は冬休みに入ると、塾以外一歩も外に出ず、日中も夜中もずっと机に向かっていた。

自室から出てくるのは、食事とトイレのときくらいだったように思う。

元から痩せ形だったが、更に細くなっていく。きちんと三食食べて、おやつも口にしていたから栄養の点では問題ないはずだ。それでも肉が削げ落ちていった。この短期間では考えられない痩せ方だった。

母親も一成さんも心配したが、兄は大丈夫だと言って譲らない。

病院に行こうという母の申し出も蹴った。勉強する時間が削られるのは厭だ、と言って。

家族はただ見守るしかできなかった。


三が日が過ぎた辺りだったか。

夜中、兄に起こされた。

「一成。起きろ」

父親のときを否応なく思い出して、一瞬身を固くする。

だが、兄は優しい声で誘ってくれた。

「星を見に行くから、厚着しろ」

二人連れだって家から出る。母親を起こさないように、いや、見つからないように静かに、細心の注意を払った。

近くにある公園で、兄が星座の説明をしてくれた。

「本当は冬より夏なんだ。星が綺麗に見えるの。ほら、冬はちらちら星が瞬くだろ？」

頷くと兄が得意になって続けた。

「冬は空気が揺らぐからだ。夏はそれがないから。でも今日もタイミングは良かった。月が沈んだ後だからな」

兄が腕時計を見せた。午前三時を回っている。

「寒いな、一成。二時から見たからなぁ」

流石に身体が芯まで冷えている。だが、何となく家には戻りたくない。帰りたくないなぁと兄に言うと、少し困った様子だった。

「だったら、コンビニで肉まんを買ってやる」

コンビニへ入り、一成さんは肉まんとピザまんを一つずつ買ってもらった。兄は肉まんとあんまんだった、と思う。

寒空の下で食べるととても美味しかった。

「受験の合格発表が終わったら、また星を見に出ような」

痩けた頬の兄がにっこり笑って約束してくれた。


——だが、それは叶わぬ約束だった。

兄は第一志望の高校に落ちた。

滑り止めに辛うじて合格したが、その後、自ら死を選んだ。

その理由について、かなり時間が過ぎた後に聞かされたことがある。

父親が亡くなった後、兄は中学校でイジメに遭っていた。

父親の死と、弟である一成さんの事件が発端だったらしい。

最初は〈イジリ〉だとクラスメートは軽く考えていたが、集団心理で徐々にエスカレートしていったと言う。

肉体的なイジメは性的なことを含み、精神的なイジメは人格否定と家族への誹謗中傷だったようだ。

父親のいない家で、母親にも一成さんにも心配を掛けたくないと、兄は耐えた。

そして出した答えは〈クラスメートが行けないような難関校へ進学する〉だった。

新天地へ行き、人間関係をリセットする。そんな理由だ。

学力的には中の上だった兄は、内申をよくするために学校は休まず、部活も参加した。学校へ行くと辛いが、耐えた。

学校と部活、塾以外は家で勉強。

「ぎりぎり合格圏内まで学力は向上したが、それでも厳しいかもしれない」

塾講師がそう言ったから、兄は更に机に向かった。

しかし、それでも落ちた。

滑り止めの高校は、イジメの中心人物達が選んだ進学先だった。

だから、兄は自死した。

自室のドアノブを使っての縊死《いし》だ。母親と弟がいない時間を見計らっての行動だった。

遺書が残されていたのだが、目にしたのは母親と数人のみ。

学校側はイジメの事実を把握していなかった。イジメの首謀者達の中に悪い意味で頭が回る人間がいて、巧みに隠蔽《いんぺい》していたようだ。

学校が動いてくれたものの、遺書以外の証拠がないことがネックとなった。結局、首謀者達の幾人からの謝罪と慰謝料で〈手打ち〉にさせられてしまった。


兄の死から数カ月が過ぎた。

中学生になった一成君が何かの用事で夜のコンビニへ出かけたときだった。

確か、午後八時半を過ぎていたと記憶している。

歩道を歩きながら、珍しいなと思った。

片側二車線、歩道橋があるほど車通りが多い道なのに、その日は自動車どころか自転車も歩行者もいない。

コンビニの看板が見え始めた頃、向こうからやってくる車のライトが見えた。

ライトの形、シルエットから見て、最近よく走っているハイブリッドカーのようだ。

その車が自分の左横に止まった。

助手席側のウインドウが開く。

(道でも訊ねたいのかな?)

立ち止まり、そっと車内を覗いた。

自分の目がおかしくなったのかと思った。

運転席からこちらを見つめているのは生前の兄だった。

痩せ細っていた、あの時期の姿だ。

口を真横一文字に閉じ、じっとこちらに目を向けている。

「兄ちゃん」

呼んでも答えはない。

代わりに、後部座席側のウインドウが開いた。

三人、乗っていた。左右の二人は知らない顔だが、兄と同じくらいの年齢だろうか。

真ん中にいたのは、よく知る人物だった。

兄の親友だ。

家に何度か来たので覚えている。兄と同じ中学に通っていたが、三年間違うクラスだったのが悲しいと何かの折に聞いた覚えがあった。

三人とも口を閉じ、じっと前を向いている。

「兄ちゃん」

もう一度呼んだとき、車が走りだした。

エンジンの音がしない。ハイブリッドカーだとしても、あまりに静かだった。

後は追いかけなかった。違う。追いかけられなかった、が正しい。

そして、母親には黙っていようと決めた。もし話せば、どうなるか分かっている。自分が見たのは幻だったと自らに言い聞かせて、なかったことにした。

コンビニへ向かおうと気を取り直したとき、道路に何台もの車が通り始めた。

まるで堰き止められていた水が流れ始めたようだった。


それから訃報が届いた。

「誠二をイジメていた二人が事故死」と母親が笑いながら伝えたもの。

そして「誠二の親友の子が亡くなったんだって。自宅の階段から落ちたって」と母親が泣きながら伝えたもの。

この二つだ。

すぐに頭に浮かんだ。

あの夜、車を運転していた兄と、後部座席のことが。
(兄ちゃんは、アイツらを迎えに来たんだ)
確信があった。
(イジメをした奴を赦さなかったんだ。だから死んだんだ)
しかし、親友はどうしてなのだろう。
あの世で寂しかったからか。しかし一番の友人を道連れにするような兄ではない。
この件だけが、よく分からなかった。

床《とこ》

高校二年に上がったタイミングで、一成君は進路に悩んだ。
学びたい分野はある。しかし、自分が住む場所にその学科がある大学がない。
父親に続き、兄を失った母親を残して他県へ出る選択はできなかった。
地元大学で大卒の学歴だけを得るのも手だが、やはり専門分野へ進みたい。
母親へ相談すると、彼女はすぐ答えを出した。

「他県へ出なさい。やりたいことをやらないと」

言葉の裏に、父親と兄の分まで、と言うのが見え隠れしていた。

「大丈夫。お父さんが残してくれたお金があるから」

父親が継いだ遺産と貯金などの大半が残っている上、保険金が出た、らしい。

自殺でも出ることがあるようだが、詳しい話は理解していない。

母親に背中を押され、他県への進学を決めた。

――日本海側の大学だった。


大学に合格した年、一成君は母親を残して他県へ出た。

これまで地元以外で暮らしたことがないので、全てが新鮮に感じる。

だが、いつも母親のことは忘れなかった。

一年目から少し長めの休みや夏休みは帰省をしては親孝行にいそしんだ。

ところが、冬休み初日だった。

バスと電車を乗り継ぎ、地元駅に着いたのは夜七時くらいだ。既に日が暮れ、暗い。

ここから更にバスに乗る。母親が迎えに来ると言っていたが、手間を掛けさせるのが嫌で断っていた。

（早く免許と車をどうにかしないと）

来年、免許を取得し、バイトで貯めた金とローンで車を買う予定があった。

車があれば、母親の所へ気軽に帰ってこられる。

現在、唐湊川家にあるのは、母親の車だけだ。

父親が乗っていたものはいつの間にか手放されていた。いつまでも残っていても仕方がないし、あのときの記憶が蘇るので却って良かったと彼は考えている。たとえ父親の思い出が詰まった車でも、最後があれでは厭な記憶しかないのだから。

（でも車は便利だから、早く手に入れよう）

駅前のバス停でバスを待っていると、ロータリーを一台の車が通り抜けていく。

赤いスポーツカーだ。

（いつかはああいうタイプが欲しくなるかもな）

眺めているとその車がおかしな挙動を見せる。何処か危なっかしい印象があった。

ハンドルをうまく操れないのか、縁石に当たりそうになって急減速し、遂には目の前でエンストしてしまう。

（マニュアルかよ。下手ならスポーツタイプに乗るなよな……）

どんな運転手だと目を凝らす。ガラス越しに見えたのは若い男だった。

大学生くらいだろうか。狼狽《うろた》えているのか、モタモタとしており、エンジンすら掛けられないような雰囲気だ。

助手席には女性が乗っている。

デートの最中かと少し興味を引かれ、その顔を盗み見た。

思わず目を剥いた。

その女性は、何故か母親だった。

青天の霹靂《へきれき》とは正にこのことだ。どうしてこんな車に母親が乗っているのか。そもそも、今日、自分が帰ってくると知っているはずじゃないか——様々な思考が乱れ飛ぶ。

咄嗟に携帯を取り出し、母親の携帯へ電話を掛けた。

『もしもし。一成？　今、何処？』

出た。しかし目の前の女性は電話を取っていない。仏頂面で運転手の若者と外を交互に眺めている。

「ちょっと待って。一度切って、掛け直す」

今度は実家の家電話だ。

『もしもし？　何でこっちに掛けるの？』

やはり母親が出る。今、家にいるのだ。

だとすれば、目の前の女性は別人と言うことになる。

しかし似ている。母親本人にしか見えない。服はよく見えないが、外出するときに整える髪型とほぼ同じだし、メイクもこのような感じだったはずだ。

瓜二つを越えて、本人だとしか考えられない。

エンジンが掛かり、車が出ていく。

助手席の女性がこちらを一瞥《いちべつ》し、微笑んだ。

呆気に取られながら、電話の母親に「今、駅だから待っていて」と伝えて切った。


家に着くといつものように歓待される。

自分がいなかったときの話を聞きながら、その間にさっきの出来事を教えると、母親は目を丸くして驚いた。

「最近ね、お母さんにそっくりな人がいるって、何回か聞いたの」

職場の同僚数名が目撃していたようだが、その度に違う若い男と一緒にいるらしい。

「俺の見たのもそうだったなぁ」

「だよねぇ。だから話を聞いて、驚いちゃった」

自分に似た人間がこの世に三人いるというから、その中の一人だろうと盛り上がる。

しかし、何処かおかしいような気もすると、彼は感じていた。

あの車が停まったことが、偶然ではないと思えて仕方がない。

遠方から戻ってきてすぐ、母親のそっくりな人間を乗せた車が自分の目の前でエンストを起こす。そしていつまでもエンジンが掛からない——。

まるで車内の人物をしっかり見よ、そして母親そっくりだと気付け、と言われているようだ。

あまりに出来過ぎているように思う。

気にしても仕方がない。気分を変え、その日は深夜まで母親と話し込んだ。

翌日からは地元の友人達と会ったり、用事を済ませる。

そのうち、大晦日を迎えた。

母親と紅白を見て、除夜の鐘を聞き、そして年明けの挨拶をしてからベッドに入る。

大学進学後も、自室はそのまま残してあるのだ。

やっぱり実家はいいなぁとほっとしている内、眠りに落ちた——が、右肩を指で突かれて目が覚める。

知らないうちに部屋の灯りが点いていた。

甘い香水の香りが漂っている。バイト先の女の子が付けているものに似ていた。

また右肩を突かれる。

そちらを見ると、すぐ傍に微笑む母親の顔があった。

「……どうしたの？」

声をかけると母親が立ち上がる。

下着姿だった。それも、とても派手な、黒の。

寒さのせいかその肌は粟立ち、羽を毟り取った鶏のようになっている。どうしてなのか、その部分が異様に気になって仕方がない。

再び母親がベッドサイドにしゃがみ込む。

とほぼ同時に部屋のドアが開いた。

母親がいた。

パーカーにジーンズという、さっきまでの格好だった。

一成君は跳ね起きるように上半身を起こす。

廊下の母親はこちらを見てから、廊下を往復し始めた。

大股で、ゆったりと、道路を横断するような歩き方だ。

一成さんはこの光景に混乱する。

「母さん」

呼ぶと、ベッドサイドから返事があった。

あぁい、あぁい、のような甘ったれた調子の声だった。

咄嗟にそちらを振り返る。

すぐ傍に顔がある。

いつの間にか、こちらの母親は膝立ちになっていた。

あぁい、あぁい、あぁい、あぁい……。何も言っていないのに繰り返している。

首筋と鎖骨にある、目立つ黒子《ほくろ》が目に入った。これは母親の特徴でもあった。

それでも別の女性のように思えて仕方がない。

(誰だ。コイツは)

当然の疑問とともに、唐突に恐慌が押し寄せてくる。

どうして今の今までのんびりしていたのだと、一成君はベッドから転げ落ちた。四つん這いのまま、廊下へ逃げ出す。

暗い。いつの間にか電灯が消えている。

倒《こ》けつ転《まろ》びつ辿り着いたのは、母親——元は両親が使っていた——の部屋の前。

ノックもせずにドアを開けると、寝る準備をしている母親の姿があった。

パジャマを着ている。

「どうしたの？」

たった今起こったことを説明し、一緒に自室まで戻ってもらった。

だが、明るい部屋の中はもぬけの殻で、誰もいない。家中の施錠も確かめたが、何処も鍵は掛かっており、外からの侵入者の痕跡はなかった。

「寝ぼけたんじゃないの？　戻って眠り直せば？」

至極真っ当な母親の意見に頷き、部屋へ入る。

しかし、あの香水の匂いが残っていた。


冬休み中、異変があったのはその日だけだ。

外を歩くとたまに、あの香水の香りが纏わり付いてくることもあったが、ただそれだけでしかない。

休みが終わる前日、母親に送ってもらって大学へ戻った。

本当ならバスと電車を使うつもりだったが、彼女がどうしても送っていくと言って聞かなかったのだ。

太平洋側から日本海側と言えば、とんでもない距離である。

運転で疲れ切った母親は、一晩アパートに泊まってから帰っていった。

別れ際、帰りたくない、離れたくないと泣きだしたので、かなり困ってしまったが。

——これが、生きた母を見た最後になった。

二月の終わりくらいに、知らない電話番号から連絡が入った。

母の自殺を伝える電話だった。

母親は、父親が死んだ物置で、同じく首を吊っていた。

遺書には母親が死んだ後の細々とした指示とともに、こんな文言があった。

『お父さんとお兄ちゃんが迎えに来たので、お母さんは死にます。一成。ごめんなさい。あなたはやりたいことをやってから死んで下さい』

首

現在の一成君は、大学があった県から移動して、他の場所に住んでいる。

但し、日本海側だ。

母親が亡くなり、唐湊川家は彼だけを残して誰もいなくなった。

実家は売り、墓や三人のお骨、位牌も父親の親族に任せた。

残された遺産関連も税金で減ったものの、ある程度残っている。

大学で学んだことを活かした仕事に就いているが、結婚する気はない。

彼の中で、家族を持つということが恐れになっているのだ。

両親や兄は、全員首を括って死んでいった。

妻《めと》を娶り、子供が生まれ、そしてその家族がまた——と考えてしまう。

だから、結婚はしない。


でも、と一成君は考える。

家族の死とその周辺には、車を始めとして共通することが多いような気もするが、どうして唐湊川家にこんな災いが降りかかったのか、原因は不明のままだ。

「荒唐無稽《こうとうむけい》な話だし、自分でも信じられないことだと思います。しかし、僕が知っていること、見たこと、感じたことをそのままお伝えしています。それに、家族全員が自殺していなくなったのは、本当ですから」

返す言葉もない。

そのうち、彼は首回りを掻き毟りだした。

見る間に皮膚が赤くなっていく。一部は蚯蚓《みみず》腫れすら浮かんでいた。

「時々、無性に痒くなるんですよ。耐えられないくらい」

漸く落ち着いた彼が、深く溜め息を吐いた。

「日本海側に住むと、常に気が滅入ります。部屋に帰っても一人。でも動物も飼いたくない。勿論、お話しした通り、結婚はしたくないですから」

彼女はいるようだが、それもそこまで頻繁に会っている訳ではないようだ。

車で二時間ほどの距離ということと、そこまで執着がないからだと笑う。

そこから彼の交友関係や趣味に関する雑談へ移った。

その最中、彼の口からこんな言葉が飛び出した。

「それに、僕、多分、死ぬときは首吊りですよ」

そこまで口に出したとき、自ら驚いた顔を浮かべる。

こんなことを言うつもりは微塵もなかったのだと、喉仏の辺りに手を置いた。

そして、目を伏せながら、断言する。

――僕まで首吊ったら、洒落になりません。僕は絶対、自殺なんかしません。

あとがき

突然ですが、本書を執筆中ですがいろいろありました。

ストレートに言うと〈お仕事の邪魔〉になる現象が多かったと思います。

もう、いい加減にしなさいよ、時間がないの、と文句を言った覚えがあります。

そのお陰か、途中からスムーズに仕事が進みました。

――と言うところで、謝辞を。

体験談や調査協力をして下さった皆様。ありがとうございます。

そして編集と版元の皆様、お手数をお掛けしました。

そして、読者諸兄姉が読んで下さるから、「超」怖い話は続きますし、私もこうやって年一ですが「超」怖い話に書けるのです。厚く御礼申し上げます。

令和二年となりました。十二支始まりの年です。

今年も、これからも、末永く宜しくお願い致します。

久田樹生

あとがきという名の駄文

今回もまた、新たな恐怖を皆様にお届けできる僥倖に恵まれましたことを嬉しく思います。

自分としては意識したつもりはありませんが、やはり取材を重ねているとある一定の方向へと採話内容が偏っていくものです。

当然と言ってしまえば当然なのですが、何故か意外な分野の話が比較的多く集まってしまい、大変驚かされます。

本作『「超」怖い話 子』には、そんな怪異の中から選りすぐって、小品として纏めてみました。

それが何かの引き金となってしまったのか、それとも全くの無関係なのか、とにかく不思議なことにその分野の怪異に巡り会うようになりました。

全く、曰く「不可解」と言わざるを得ません。

それではまた、皆様にお目に掛かれる日を手薬煉《てぐすね》引いて待っております。

渡部正和

あとがき

明けましておめでとうございます。

気が付くとこの千年紀も十年代が終わり、二十年代が始まりました。

旧年中ちょっとした機会に訪れた様々な怪談の舞台となった場所も、再開発やら災害やらで様変わりしておりました。寂しさもありつつ、何かが変わってゆく期待もあります。

読者諸氏、関係者の皆様の御無事と御多幸をお祈り申し上げて、謝辞に代えさせていただければと思います。

今年は子年に合わせて、ネズミの話を御用意できました。

冬らしいと申しますか、「あれ？　どこか窓空いてたかな？」と思わず鍵をチェックしてしまうような体験談をお届けできたかなと思います。

全然おめでたくないのですが、やれることはやったぞと。毎回それの繰り返しです。

ぐっと底冷えのする季節です。隙間風には御注意下さい。本年もどうぞ宜しく。

深澤 夜

大台のカウントダウンが始まる

本書で「超」怖い話は通巻四十六巻目となりました。

一九九一年（平成三年）の勁文社版『「超」怖い話』（無印）、二〇〇三年からの竹書房版『「超」怖い話A《アー》』、合わせて二十九年にも及びます。つまり、このまま何事もなければ来年――二〇二一年には三十周年に達するということです。勁文社版の最後の頃には、「同一シリーズで二桁巻続いたシリーズはなかなかない」と自負していたものですが、竹書房での復刊を経て夏冬二回刊となり、再来年にはいよいよ五十巻の大台も見えてきました。

この二十九年の間に編著者は五代にも及び、参加する共著者の人数は歴代でのべ十二人。第一巻の頃など著者全員が二十代だった訳ですが、今や往時の著者は老境に近い年齢となり、若返った中心的共著者も主力は四十代。黎明期、最若手を拝していた僕ですら中年の崖っぷちです。消息の分からなくなった失踪者は幾許かいますが、それでも幸いにも消息の分かっている著者はその全てが存命です。これだけ長く怪異と付き合い続けてきて未だ命を永らえられているのは、幸運以外の何物でもない、と努々《ゆめゆめ》感じ入るところです。

令和二年　睦月

加藤一

本書の実話怪談記事は、「超」怖い話 子のために新たに取材されたもの、公式ホームページに寄せられた投稿などを中心に構成されています。
快く取材に応じていただいた方々、体験談を提供していただいた方々に感謝の意を述べるとともに、本書の作成に関わられた関係者各位の無事をお祈り申し上げます。

「超」怖い話公式ホームページ
http://www.chokowa.com/
最新情報、過去の「超」怖い話に関するデータベースなどをご用意しています。

「超」怖い体験談募集
http://www.chokowa.com/post/
あなたの体験した「超」怖い話をお知らせ下さい。

「超」怖い話 子《ね》

2020年2月5日 初版第1刷発行

編著者 加藤 一
共著 久田樹生／渡部正和／深澤 夜
カバー 橋元浩明（sowhat.Inc）
発行人 後藤明信
発行所 株式会社 竹書房
〒102-0072 東京都千代田区飯田橋 2-7-3
電話 03-3264-1576（代表）
電話 03-3234-6208（編集）
http://www.takeshobo.co.jp
印刷所 中央精版印刷株式会社

定価はカバーに表示しています。
落丁・乱丁本は当社にてお問い合わせください。

ISBN978-4-8019-2147-4 C0193